人民日报 名家长篇对谈录系列

我的历史就是中国历史

敦煌的光彩

常书鸿、池田大作对谈录

人民日报 出版社

图书在版编目（CIP）数据

敦煌的光彩：常书鸿、池田大作对谈录/常书鸿，

（日）池田大作著.-北京 ： 人民日报出版社，2010.9

（我的历史就是中国历史·名家长篇对谈录系列）

ISBN 978-7-5115-0151-6

Ⅰ．①敦… Ⅱ．①常… ②池… Ⅲ．①敦煌学-研究

Ⅳ．①K825.1

中国版本图书馆CIP数据核字(2010)第170741号

书　　名：敦煌的光彩：常书鸿、池田大作对谈录

作　　者：常书鸿　池田大作

出 版 人：董　伟

责任编辑：银　河　陈志明

装帧设计：刘泰刚

出版发行：人民日报 出版社

社　　址：北京金台西路2号

邮政编码：100733

发行热线：（010）65369527　65369512　65369509　65369510

邮购热线：（010）65369530

编辑热线：（010）65369521 65369533

网　　址：www.peopledailypress.com

经　　销：新华书店

印　　刷：北京市业和印务有限公司

开　　本：16开

字　　数：200千字

印　　张：16.5

印　　次：2011年3月第1版　　2011年3月第1次印刷

书　　号：ISBN 978-7-5115-0151-6

定　　价：48.00元

常书鸿先生

池田大作先生

敦煌莫高窟全景
Full view of the Mogao Grottos in Dunhuang

坐落于敦煌市西 80
公里戈壁滩上的玉
门关故址
The site of the
Yumenguan Pass
in the

古丝路
Ancient Silk Road

远眺位于敦煌市西 70 公里的阳关遗址
The site of Yangguan Pass, 70 kilometers
west from Dunhuang proper.

位于敦煌城西、
党河西岸的敦
煌故城遗址
The site
of ancient
Dunhuang city
on the western
bank of the
Tanghe River.

三危山
Sanwei Mountain

鸣沙山，在敦煌城南6公里，东西长约40公里，南北宽20公里，高数十米。从沙波滑下，会听到轰鸣声。

Ringing—Sand Hill lies six kilometers south of Dunhuang proper.It is about 40 kilometers from east to west,20 kilometers from south to north and 10 meters high.When one slides down the hill the friction causes a whisting sound.

月牙泉，古称沙井，泉池呈月牙形，位于鸣沙山北麓

Crescent—Moon Pool,known as Sand Well in ancient times,is iocated on the northern slope of Ringing—Sand Hill.

榆林窟，又称万佛峡，位于安西县南约 70 公里，现有 41 窟。
The 41 caves of the Yulin Grottos, also known as 10000-Buddha Gorge, are located about 70 kilometers south from the county seat of Anxi.

西千佛洞，位于敦煌市城西，党河北岸。
The Western 10000-Buddha Cave is found on the northern bank of the Danghe River to the west of Dunhuang proper.

常书鸿先生赠给池田先生的油画 "珠穆朗玛峰"

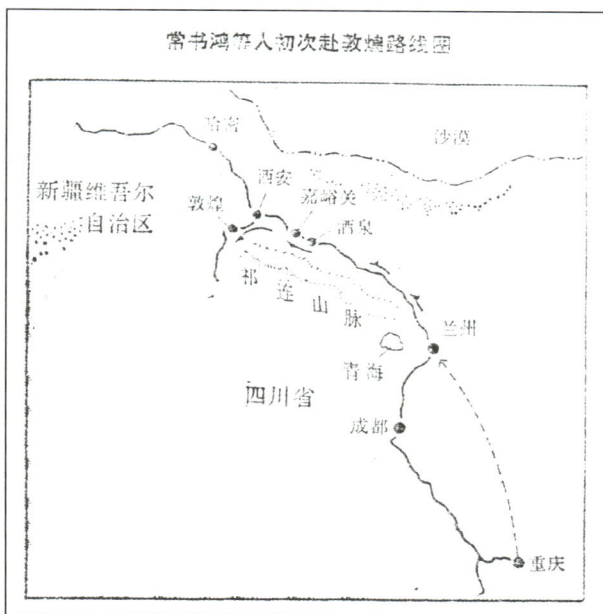

常书鸿人初次赴敦煌路线图

常书鸿先生等人初
次赴敦煌路线图

沙漠之舟——骆驼

丝绸之路示意图

莫高窟九层大雄宝殿（96窟），内有33米高的弥勒佛一躯，建于初唐。
A 33-meter-high statue of Maitreya Buddha housed in the nine-story Daxiong Hall (Cave No.96 at Mogao) was made during the Tang Dynasty.

常书鸿先生与李承仙女士

摄影:石少华 1979.4

纪念

为敦煌艺术奉献终生的

常书鸿先生诞辰100周年   李承仙先生诞辰80周年

常书鸿   李承仙
画家 李廷芳   画家 李霞飞
浙江杭州人   江西临川人
1904.4.6-1994.6.23   1924.9.24-2003.8.28

中国邮政为纪念常书鸿先生诞辰 100 周年、李承仙先生诞辰 80 周年特意发行的名信片（2004 年）

壁画　北方天王　四大天王在五代时常被用于装饰窟顶的壁画题材，一般画面构图完整，色彩艳丽。146窟（五代）
"Northern Heavenly King",a mural from the Five-Dynasties Period in Cave No.146. The four Heavenly Kings were often used by painters to decorate cave ceilings.

壁画　张仪潮出行图（部分）这是一幅表现历史题材的世俗画，色彩华丽，生动写实的空间造型，描绘了一支威武的礼仪之师。为晚唐时的代表作品。156窟（晚唐）
"Zhang Yichao's Outing"（detail),a representative of late Tang Dynasty murals in Cave No.156 depicts a ceremonial formation.With bright colors the painting presents a truthful secular life scene.

窟顶.（东顶）壁画 画中表现了中国古代神话中的伏羲、女祸等诸神。285窟（西魏）

A Northern Wei Dynasty mural on the eastern ceiling of Cave No.285 depicts Fu Xi,Nu wa and other Chinese legendary figures.

窟顶（西顶）壁画 画中画有飞天、灵鸟、飞廉和雷公等。285窟（西魏）

A Northern Wei Dynasty mural on the western ceiling of Cave No.285 depicts flying Apsaras,the divine bird and the God of Thunder.

壁画 飞天 158窟（中唐）
"Flying Apsaras", a mural from the
middle Tang Dynasty in Cave No.158.

壁画　尸毗王本生　275窟
（北魏）
"The Life of King Sivi" ,a
graphic picture from the
Northem Wei Dynasty in
Cave No.275.

壁画　萨埵那舍身饲虎　描绘释迦牟尼成佛以前舍身
行善的故事　254窟（北魏）
"Prince Siddhartha Feeds a Tiger With His
Flesh" ,a mural of the Northern Wei Dynasty in Cave
No.254,depicts Sykyamuni before his enlightenment
giving himself to a tiger to release its hunger.

常书鸿先生《敦煌的风铎》（日文版）书影及插页

壁画 五台山图（局部） 壁画全长13.5米、高5米，是我国现存最大的一幅形象地图，这是图中的大建安寺。61窟（宋）
"Wutai Mountains" (detail), a mural from the Song Dynasty in Cave No.61 shows the Greater Jian'an Temple. The mural,13.5meters long and 5meters high,is the largest building layout mural in China.

彩塑一铺　全铺塑像原为九身，龛外两身已毁，
现存七身，为盛唐时原作。　45窟（盛唐）
The group sculpture originally had nine statues
made during the heyday of the Tang dynasty.
Two on either side had collapsed. They are
kept in Cave No.

常沙娜与平山郁夫先生

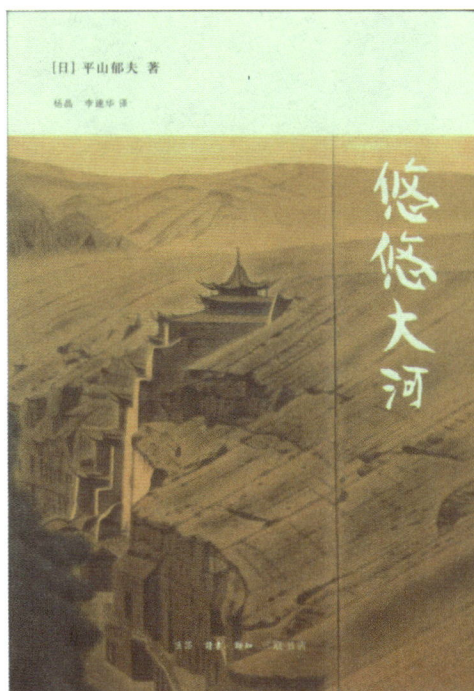

平山郁夫《悠悠大河》（中文版）
书影

平山郁夫美术作品 《佛教传来》

父亲常庚吉　母亲常梁氏

常书鸿先生和女儿常沙娜

常书鸿先生、李承仙与邓颖超同志在一起（1980 年 4 月 29 日）

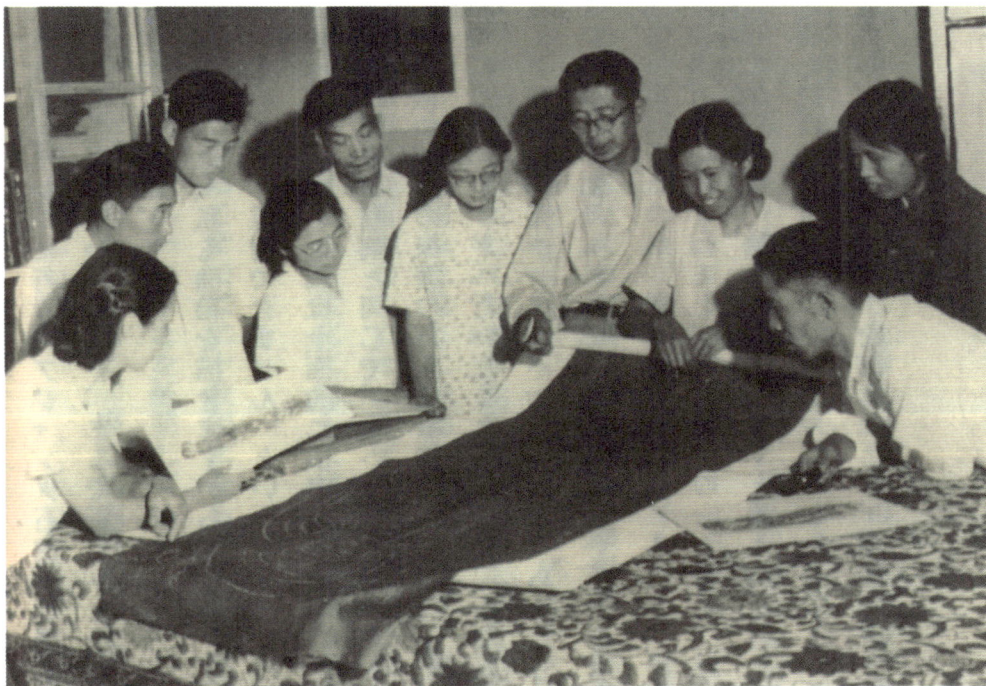

60 年代和同事们一起工作

常书鸿先生和夫人在莫高窟 (1983 年　敦煌 57 窟)

常书鸿先生与日本友人井上靖先生、清水正
夫先生等在玉门关（1978年5月3日　敦煌）

常书鸿先生夫妇与日本友人井上靖先生夫妇
（1985年）

《敦煌的光彩》中文繁
体版书影

常书鸿先生与池田大作先生会面
（1990 年 11 月　东京）

常书鸿先生夫妇与东山
魁夷先生（1985 年）

常书鸿先生与池田大作先生（1990 年 6 月　北京）

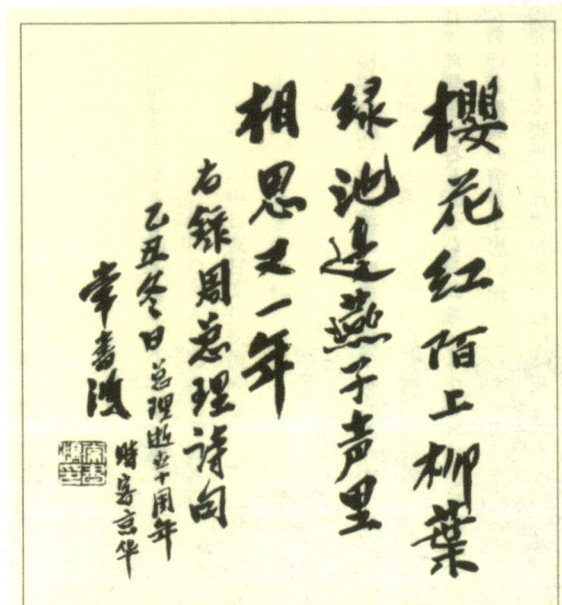

常书鸿先生手迹（为纪念周总理逝世十周年而录的总理诗句，1986 年）

原版序言

池田大作

1974 年我初次访问中国。这次旅行是在绿色乍动的五月末至六月中旬两周多的时间里进行的。

我看到了蜿蜒曲折的长江，也目睹了雄伟壮阔的黄河；我登过万里长城，也参观了新中国的工厂、农村，从幼儿园到大学的教育设施。通过同以李先念副总理（当时）为首的各界领导和青年、百姓的交谈，我学到了不少东西。青年时代我就爱读的中国史书、诗集与现实生活一起映入我的眼帘，这两者之间的重合与距离给我带来精神上的跃动，令我身心受益。

用照片去认识一件事物，常常为它同预想之间的差距而惊诧，同时也为新的发现而惊喜。完全凭自己的想象形成的认识轮廓同真实的事物相比，反差之大令人惊叹！

例如，如果让《三国志》和司马迁《史记》的年代再一次在历史舞台上出现，使遥远的岁月重演，当时英雄们同平民百姓的生活情景就会更加鲜明。

这样的乐趣谁都会在旅行中得到，然而，这次中国之行给我的喜悦竟会如此之大。我想这或许是因为，在我的读书体验中，中国的古典诗集给我留下了特别深刻的印象。

在这次旅行中，西安——古都长安之行思绪最为强烈。印度文化和西域文化从遥远的地方传到这里；远达罗马的宏伟的丝绸之路正是从这里开始。

在去西安 13 年以前，我到过印度。看到了恒河，也拜访过佛教发祥地佛陀迦雅。那时，从佛陀迦雅出发，历经西域、敦煌、长安和朝鲜半岛最后到达日本的、遥远宏大的"精神丝绸之路"仿佛展现在眼前。星换月移，我又来到西安，极目远望，《唐诗选》中吟咏西域的名诗一字一句浮现在眼前。

西出阳关无故人——阳关坐落在敦煌以西，周围是一眼望不尽的沙漠。站在空旷的沙漠中，一个人也不认识。王维的这句诗准确地表达了当时的心情。玉门西望堪断肠——这是岑参在西去长安万余里的玉门关上发出的悲苦的绝唱。这些都带着一种现实感，使我对西域、敦煌的心理距离一下缩小了许多。

见到敦煌文物研究所所长常书鸿先生（当时），我的心理距离进一步缩小。初次访中 6 年后，我在第 5 次访问时才见到他。（1980 年 4 月）当时我在北京期间，常先生和夫人李承仙女士特地到我的房间来拜访我。

我从未想到能遇见常先生。是每次访问时都给我照顾的孙平化先生（中日友好协会会长，当时）向我介绍，我们才得以愉快地相见，在春日温煦的阳光下开始我们的长谈。

常先生的人生是诗，是艺术。在他的人生中有着光辉的历史和迷人的传奇故事。

我们围绕丝绸之路和敦煌谈了将近2个半小时，我真恨不得再多谈一会儿。原先我对敦煌的知识不太了解，就连"敦"是"大"，"煌"是"闪光"的意思也是在那次交谈中学到的。自从与常书鸿先生的那次交谈后，我对敦煌的兴趣越来越浓厚。以后在东京见面时，正值我创立的东京富士美术馆的"中国敦煌展"开幕，常先生给予了多方关照。

我曾把对常书鸿先生感谢的情思写成诗献给他，回忆他的成长道路，祝愿他与岁月一道发出五彩的光芒。

在这样的交流中，以敦煌为主题的对话集正在准备刊行。我不揣浅陋，在国家、民族、文化、社会制度及个人等各个领域，超越了专业的界限，与这些创造了伟大业绩的、现代最高智慧的代表者进行对谈。到现在，交谈对象不知不觉中扩展到美国、苏联、英国、法国、西德和意大利等国家。"① 与中国活跃在第一线的人物进行对谈，这是最初的尝试。

从复杂的国际政治环境到个人的日常生活，进一步到个人的深层意识，种种"人为的分裂"威胁着和平。在这人间悲剧相继发生的现代社会里，我们究竟应该怎样去选

---

① 池田大作曾与世界上很多有影响的人进行对话，其中有《展望二十一世纪》（与汤因比对话）、《黑夜盼望黎明》（与曾内·乌依古对话）、《二十一世纪的警钟》（与A·贝恰对话）、《第三座虹之桥》（与莫斯科大学校长A·A·罗蒙诺索夫对话）、《谈"和平"，"人生"、"哲学"》（与H·基辛格对话）等。

择一条安定与调和的道路，在这个问题上，我们负有重大的责任。

正如丝绸之路上的敦煌文物和艺术一样，超越遥远的岁月，成为现代人的珍贵遗产，我想让我们为和平付出的努力在下一代人，在将来生活在这个地球上的人们身上，看到 20 世纪战争与分裂不再重现的福音。我想，每一个与我交谈的人都会有这种想法

在通往新世纪的"精神丝绸之路"上，我祈祷美丽的艺术之花大放光彩，像敦煌那样的和平基地在各地诞生。

最后，再次感谢"精神丝绸之路"的向导、给我们留下愉快回忆的常书鸿先生和帮助常先生工作至今的各位先生，感谢圣教新闻社的编辑大原照久君、野崎至亮君和翻译洲崎周一君。

1990 年 5 月于日本东京

原版前言

常书鸿

　　我与池田大作先生初次会见是在 1980 年 4 月 23 日。那次见面，池田大作先生对中国的了解以及在哲学、文化艺术等方面学识之广博，给我留下了深刻的印象，特别是先生对中国文化以及对敦煌学的热情，使我们首次见面时就好似多年好友一般，"一见如故"，开怀畅谈起来了。

　　池田大作先生作为日本人民的友好使者，曾多次访问过中国，池田大作先生和他所致力的社会、宗教文化和国际和平活动，在中国也是众所周知的。特别是早在 1968 年，池田大作先生就提出过日中邦交正常化以及恢复中国在联合国席位的建议，是令我们中国人民永远铭记在心的。

　　回想起我与池田大作先生多年的友情，是我一生中的又一快事，在我所相识的许多日本友人中，池田大作先生虽然已年过六旬，但他为人热情、耿直，对生活和对人类未来充满信心的感情，使我感觉到他还是一位年青人。

　　自从我们相识后的近十年间，不论是池田大作先生来中国，还是我去日本，我们的相见和谈话的话题总是要涉及到人类文化、丝绸之路和世界上最大的、保存最完好的佛教艺术宝藏——敦煌。我们之所以在谈话中经常谈到敦煌，我想，这是因为敦煌不仅仅是佛教遗址，而且敦煌艺术体现了人类对理想境界的追求。在当时充满着饥荒和战乱的年代里，丝绸之路的东西方文化、经济的交流和佛教的东传，对于人类文明的发展和和平，起着极其重大的作用。而我们今天对丝绸之路的重视和研究，唤起我们精神上新的丝绸之路，这在目前经济和科学技术高度发展的同时，存在着对地球自然生态环境的破坏、国际政治的不稳定时代，为使人类平等，消除战乱，走向永久和平，有着新的积极意义。

我与池田大作先生虽然在国籍、个人经历等许多方面有着很多不同的地方，但是，我们在童年和青少年时期却有着相类似的艰苦生活和努力奋斗的过程，所以，我十分理解池田大作先生所热心倡导的青年和平友好事业。1985年秋日，我在日本崎玉县的青年和平艺术节上所看到池田大作先生尽力培养下的青年一代的团结友爱、蓬勃向前的精神和池田大作先生对青年们慈父一般的亲切融洽的感情，那情景至今为止还历历在目，使我感动不已。人类的未来寄希望于青年一代，池田大作先生所创建的创价大学、创价高中、中学、小学和幼儿园，以及美术馆、文化会馆，等等，培养着许多优秀人材，另外，池田大作先生对中国青年和在日本的中国留学生的关怀和帮助，使我看到中日两国人民世世代代友好的光辉的未来，一条五彩缤纷的新的丝绸之路的彩虹，将把世界各国人民的心联接在一起。

由于我与池田大作先生对于东方文化有着相同的热心，所以我们在许多方面是一致的，我们彼此尊重各自祖国的传统文化，尤其对文化艺术的热情关注和贡献精神，我们也有着共同的意愿。1985 年在东京富士美术馆举行的中国敦煌展，与历次敦煌展不同之处是第一次向日本各界展示了在敦煌发现的极其贵重的经卷等历史文物。这次展览的成功，是池田大作先生及创价学会诸位先生辛勤努力的结果。在此，请允许我再一次向池田大作先生表示衷心的感谢。

中国有句谚语："酒逢知己千杯少，话不投机半句多。"在本书序言结束之前，也好像如同我与池田大作先生的谈话一样，总是感到还有许多话没有讲完，所以，我高兴地期待着下一次与池田大作先生见面和畅谈的机会。

最后，我想感谢建议将我们对谈发表出版的池田大作先生，感谢为本书的出版付出辛勤努力的圣教新闻社的大原照久先生、洲崎周一先生和我四十余年患难与共生活和事业的伴侣、助手和妻子李承仙、学习和继承敦煌事业的儿子嘉煌，感谢为此书工作的诸位先生们。

常书鸿

1990 年 5 月于中国北京

新版序言

常沙娜

1992 年，父亲常书鸿亲手送给我那时出版的《敦煌的光彩——池田大作与常书鸿对谈、书信录》。扉页上亲笔写着："沙娜女儿。爸爸赠，1992 年 4 月 22 日"。扉页上"敦煌的光彩"题字也是父亲晚年的笔迹。

我重温了父亲与日本朋友池田大作以对谈的形式抒发着他为敦煌艺术光彩奋斗终生的憧憬和经历，同时也顺着丝绸之路及敦煌寻觅着中日文化的源流关系，叙述着他陪同日本的文化使者井上靖夫妇、清水正夫夫妇、平山郁夫夫妇等著名学者参观敦煌莫高窟、玉门关诸多的回忆。父亲所述和感悟是我熟知或经历的，重温时倍感亲切。

这部《敦煌的光彩》出版不觉已过去了二十年，此间父辈及上述学者大都已相继辞世，成为故人。如今再版此书，有着更为深远的意义。

随着岁月的流逝，父亲常书鸿在 20 世纪所走完的人生业迹已成为不能忘记的历史。同样，当时日本的几位著名学者也曾为日中友好、文化交流、维护世界和平做出了积极贡献。这些都应该作为历史的延续。正如池田大作先生那时在与我父亲对谈时所祝愿的那样："……世界和平的曙光已经来临，特别是扩大和平交流，反映了人们的愿望和心声，我将尽自己的努力，为日中友好缔结更牢固的纽带。衷心祝愿和平的小溪在前进的途中变作宽阔的长江大河！"

如今，作为常书鸿的女儿，我也已进入了老年，回忆历史，更加深切地领悟到父亲所走的人生道路是在为祖国的民族文化艺术寻求永恒的存在，也愈加理解父亲终生对待人生观、艺术观那种矢志不移的追求精神。他是在艰辛磨难生活的痛苦中获得的欣慰；他是凭借执着的信仰而获得守护敦煌的光彩事业。他在与池田大作先生的对谈中，生动而真实地对"敦煌的光彩"讲述了诸多亲身经历和感悟的故事。如今虽已成了历史，但时代的延续和发展不能忘记历史，只有继往开来、承前启后，才能科学的发展并创新进步。

现在人民日报出版社重版《敦煌的光彩》一书，将使父辈那段历史的观点再现于当今一代新兴的学子们。已载入史册的人生故事和精神，从而得以代代相传。

在此还要感谢池田大作先生能在当年抓住机遇与我父亲常书鸿进行了如此有意义而珍贵的对谈。这得益于敦煌佛教艺术给予的缘分。

谨此，祝愿池田大作先生经过半个世纪的努力，在21世纪实现"日中友好缔结更牢固的纽带"。

谨此，感谢人民日报出版社陈志明先生为新版的编辑所做的努力。

　　　　　　　　　　　　2010 年春

敦煌的光彩

常书鸿、池田大作对谈录

○ 第一章　丝绸之路上的宝石

遥远的憧憬地

池　田：敦煌，是丝绸之路上的一颗宝石，它具有光辉的历史和灿烂的文化，这一点是毋庸置疑的。一提到敦煌，人们便会自然而然地联想到常书鸿先生的名字。常先生为了保护和介绍敦煌珍贵的历史文化遗产，倾注了数十年的心血，对此，就在日本也是众所周知的。与常先生对话，就如同去敦煌作一次愉快的实地旅游——自从10年前在北京与先生相识后，曾与先生进行了几次推心置腹的交谈，我的这种感觉便越来越强烈和明显。我拜读了先生的大作《敦煌的风铎》、《敦煌与我》、《敦煌的艺术》等等①，因此我很想进一步了解先生所走过的人生道路，也很想知道先生在人生不同阶段的经历。能有这次再与先生交谈的机会，使我能更深刻地了解敦煌的美和先生的为人，我感到非常的荣幸。

常书鸿：谢谢您的夸奖。我觉得在共同的思想下进行交流，是一件非常愉快的事情。在我们中国，有这样一句名言："酒逢知己千杯少，话不投机半句多"，也就是说，喝酒时，若遇上知心的朋友，即使喝上千杯，也觉得不

---

① 《敦煌的风铎》，《敦煌与我》，《敦煌的艺术》，常书鸿著，这3本书分别于1982年、1986年、1980年在日本出版。书中收集了常书鸿的传略和部分研究论文。

3

够；而要是和不投脾气和不同志向的人在一起交谈的话，半句也显得多余，与性格和志向相同的人在一起交谈，才能产生心灵的共鸣。因此，拜读了先生的著作和讲演辞，就可以看出来先生对于敦煌有着极大的兴趣和执著的追求。

池　田：实在惭愧。很久以前，就想一定要找机会去敦煌参观一下。敦煌，从这个词上，人们立刻就会想到古代那遥远的丝绸之路，一条从古都长安出发，经兰州、河西走廊、天山山脉、塔克拉玛干大沙漠、中近东国家，最后到达罗马的横贯欧亚大陆的宏伟大道。

这不仅仅是一条进行商业贸易活动的通道，同时还是一条文化交流之路。对于日本人来说，对这条通道更具感情的是，佛教通过它而传入了日本。这条道路有很多地段是在恶劣的自然环境中开拓的，奇险环生，吞噬人类生命的广阔无垠的沙漠、酷热的地表、严寒的山脉，此起彼伏，接踵而至。然而，就是靠着这样一条道路，东西方的人们不断进行友好往来，相互交流自己的新兴文化。敦煌作为丝绸之路上的文化集聚地，是各个民族和不同种族的人们进行交流的悠久的历史舞台，也可以说是由不同文化背景的人们所创造的辉煌的绿洲。这里密集了人们"不灭的灵魂"；这里蕴藏着向往和平的无限的光源。特别是对于我们来说，这里有着不可估量的重要历史意义，就如同刚才所说的那样，敦煌不仅是佛教，尤其是大乘佛教东渐的中转站，而且还是一个空前的佛法的摇篮。在这里，无数默默无闻的人们创造了光辉灿烂的文化。从这一点来说，向常书鸿先生了解敦煌的事情也是很有意义的。

常书鸿：您对敦煌抱有如此巨大的兴趣，在此之前，我想一定是有什么理由促使您这样做的吧？请问池田先生，您是在什么时候，哪个地方，通过什么方式，了解到敦煌的呢？

池　田：我初次接触到敦煌是在上小学五年级的时候。学校的教室里面，挂着一张很大的世界地图，我总是边观察地图，边仔细看敦煌附近的地方，有时自己甚至暗暗地这样想："这附近，人烟稀少，真想亲眼去那儿看一下。"有时候，班主任桧山先生问我们："大家都喜欢到世界上哪个地方去啊？"这时，我就会回答，我想到中国的敦煌去。当时正值日中战争时期，所以大家对中国都极为关心。

桧山先生就对我说："池田君，你说得很对，那地方叫敦煌。可是您知道不知道，在那里有着无数价值连城的珍宝？"听了老师的话，我就想，在那种人迹罕至的地方，会有宝物，真是不可思议。这件事情留给我的印象特别深，从这以后，我便经常观看戈壁沙漠、昆仑山脉或者天山山脉的地形图，这更激起了我的冒险心。敦煌在我心中就成了一个伟大的梦，成了我心中向往的地方。当时，我经常想，有朝一日，我也会成为一名日中友好的使者，实现去敦煌访问的梦想。这些念头，至今我仍然记忆犹新。

常书鸿：您读过什么有关敦煌的书籍或者是新闻报道吗？

池　田：当我读了司马迁①的《史记》和《十八史略》等中国的古典史籍以后，西域②在历史舞台上的位置就充分地展现在我的视野之中，并且还带有确定的轮廓和鲜明的色彩。张骞③受汉武帝之命出使西域，到达月氏④等地的波澜壮阔的传奇生涯，还有李陵和苏武⑤的故事，也都给我留下了极为深刻的印象。读了冒险家海金和斯坦因⑥的游记以后，更激起了我对被埋没的丝绸之路文化的无穷好奇心。而且，在《唐诗选》中，有许多歌咏边塞的

---

①　司马迁（约公元前 145 或 135 年－?），西汉史学家，思想家和文学家，夏阳（今陕西韩城南）人。曾任太史令，后因替投降匈奴的李陵辩解，获罪下狱，受腐刑，出狱后任中书令，发愤继续完成所著史籍，即人称的《太史公书》，后称《史记》，是我国最早的通史，对后世史学与文学都有深远的影响。

②　西域，汉以后对于玉门关（今甘肃敦煌西北）以西地区的总称。狭义上专指葱岭以东而言，广义则凡通过狭义西域所能到达的地区，包括亚洲中西部、印度半岛、欧洲东部和非洲北部都在内。

③　张骞（?－前114年）。曾被汉武帝派遣出使西域诸国，到过大宛、康居、大月氏、大夏和安息等地。

④　月氏，古代少数民族。汉朝时曾遭匈奴攻击，大部人西迁新疆伊犁一帝，称为大月氏，少数没有西迁的人进入祁连山，与羌人杂居。称为小月氏。

⑤　李陵（?－前74年），西汉陇西成纪（今甘肃秦安）人。善于骑射。汉武帝时曾率兵北击匈奴。兵尽而降，后来病死于匈奴。　苏武（?－前60年），西汉杜陵（今陕西西安东南）人。曾出使匈奴，被扣留，在北海（今贝加尔湖）边牧羊，前后达19年。后来汉与匈奴和好才回到汉朝。苏武在匈奴期间，曾与李陵来往，后人伪作了苏李赠答诗等。故事流传甚广。

⑥　海金（1865－1952年）；瑞典的著名地理学家和大探险家。　斯坦因（Mark Aurel Stein，1862－1943年）：英国人。1900－1916年间曾3次深入我国新疆、甘肃等地，从敦煌盗走在石窟里珍藏了千余年的大量写经、古写本、佛画绘画和版画等。著有《古代和阗》等书。

优秀诗篇。亲自到过西域的大诗人岑参、王昌龄、王翰①以及他们的诗作《胡茄歌》、《从军行》、《凉州词》，等等，即使在日本也是脍炙人口、家喻户晓的。《乐府诗集》里，有一首王维②的离别诗，描写的是送别朋友将赴西域时的情景。

渭城朝雨浥轻尘，客舍青青柳色新。

劝君更尽一杯酒，西出阳关无故人。

(《新唐诗选》，岩波书店新书)

出了阳关（位于敦煌的西南部，与玉门关同为通往西域的门户）以后，就已经没有自己所认识的人了。这是一首写给即将踏上征途的朋友的诗，旅行是在一望无际的沙漠中进行的。读了这首有名的诗篇，你会感到那遥远的世界仿佛一下子就来到了自己的身边。

另外，同样令我建以忘怀的是同汤因比③博士的一次谈话。当我问道："如果能再有一次生命的话，您愿意在地球上的哪个地方出生？"博士立即答道："我愿意在中国出生。"当又问："您喜欢在历史上什么时候的哪个地方出生呢？"博士这样说："公元纪年刚开始的时候，大乘佛教从印度经新

---

① 岑参（约714-770年）：南阳（今属河南）人。唐代边塞诗人。曾到达西域各地，善于七言歌行，诗与高适齐名。著有《岑嘉州诗集》。　王昌龄（约698-约756年）：长安（今西安）人。唐代边塞诗人。长于七绝，多写边塞生活。明人辑有《王昌龄集》。　王翰（6877-726年?）：晋阳（今山西太原）人。唐代诗人。诗作以《凉州词》著名。

② 王维（701-701年，一说为698-759年）：原籍祁（今山西祁县），唐代诗人，画家。诗画皆工，北宋苏东坡曾称他诗中有画，画中有诗。他的诗以山水诗最为著名，早期也写过一些边塞诗。

③ 汤因比（Arnold J. Toynbee, 1889-1975年）：英国历史学家。著有《历史研究》、《展望21世纪》（与池田大作对话集）等。

疆传到了东亚。我尤其希望能在佛教、印度文明、希腊文明、伊朗文明和中国文明等诸多文化的融合中生活。"博士的这些话语，至今仍非常清晰地回荡在我的脑海中。

常书鸿：还有这样的事情啊！

池 田：我具体地知道敦煌文物的情况，是1958年1月在日本举行的"中国敦煌艺术展览会"上。那时，常先生也来了日本。这一年，我的恩师户田先生①逝世了。"中国敦煌艺术展览会"在东京举办的时候，正是恩师去世前几个月的日子，我被卷入了疾风怒涛般的旋涡之中。因此，没有能到展厅去亲自参观一下展览，只是看了展览的内容介绍、论述敦煌艺术的学术论文，以及图片等，这些内容大大超出了我以前通过看书所了解到的范围，比原先预想到的强许多倍。公正地说，当知道敦煌有如此之多的历史遗产时，我是深感震惊的。

实际上，能够亲眼目睹这一了不起的历史文化遗产，是1985年在东京的富士美术馆举办"中国敦煌展"的时候。这次"中国敦煌展"是由贵国文化部文化事业管理局、敦煌研究院和敦煌县博物馆等单位联合举办的，展出了许多珍贵的历史文物。我从内心里对你们的工作表示感谢。

---

① 户田城圣：日本社会活动家，创价学会第二任会长。

常书鸿：东京富士美术馆的"中国敦煌展"是继在东京、京都举行的"中国敦煌艺术展"（1958 年）、在东京举办的"中国敦煌壁画展"（1982 年）之后，又一次大规模的敦煌展览会，它在池田先生以及创价学会诸位先生的共同努力下，取得了很大的成功。与前几次展览比较，这次展览有它独自的特色。

展览内容除了敦煌各个时代有代表性的壁画的临摹件以外，还有敦煌的出土文物、珍贵的汉代木简，以及从来没有向国外展示过的敦煌写经、北魏太和十一年的刺绣佛画、图解本西夏文字的《妙法莲华经观世音菩萨普门品》、唐代《地志》、《紫微垣星图》、《占云气书》，等等。这次"中国敦煌展"，可以说是敦煌文化第一次比较全面地在国外展出。我想，这样说不算过分。

池　　田：有一点，我想具体地请教一下。据说，在公元前 11 世纪左右，在敦煌就有少数民族居住。《史记·大宛列传》中有如下记载："始，月氏居敦煌、祁连间。"作为月氏活动的场所，郭煌的名字也同时明确地被载入史册。据史书记载，汉武帝时代（公元前 156 - 前 87 年），正式设置了敦煌郡。从古到今，敦煌实际上已有 2000 多年的历史，包括它最强盛的时代在内。它的荣枯兴衰的情况，到底是一种什么样的过程呢？

常书鸿：在唐朝（公元 618 - 907 年）的晚唐时代，敦煌特别繁盛。经五代（公元 907 - 960 年）、宋朝（公元

960－1279 年），到元朝（公元 1271－1368 年）时已逐渐
衰败，明朝（公元 1368－1644 年）时随着嘉峪关的关闭，
敦煌也完全萧条下来。正因为如此，明朝没能遗留下来明
朝时期的壁画作品。虽然到了清代（公元 1618－1911 年）
的雍正年间，对敦煌曾进行了大规模的整修，但是汉唐时
期的那种盛况已经一去不复返了。现在的敦煌县是清朝雍
正三年（公元 1725 年）设立的。

当时，有一个名叫汪德容的人，经过敦煌时，曾这样
写道："今寺已久湮，而图画极工。"（虽然寺院早已被埋
没，但是壁画仍然奇美无比）

嘉庆末年（公元 1820 年），西北历史地理学家徐松①
在他的《西域水道记》中，对于莫高窟有着极为详细的
记载。

光绪五年（公元 1879 年），匈牙利人洛克济到莫高窟
参观，他是第一个到达这里的外国人。他对于自己始所未
料的发现和收获大为吃谅。如您所知，莫高窟之所以能震
惊全世界，是因为光绪二十六年（公元 1900 年）在"藏
经洞"中新发现的经典和书籍②。

池　田：在马可·波罗③的《东方见闻录》中，也有
关于敦煌的记载。马可·波罗在 13 世纪后半期，周游亚

---

①　徐松（1781－1843 年）：北京人，清代史地学家。曾到西北进行实地考
察，著有《汉书西域记补传》、《西域水道记》等。
②　见本章《佛典以及贵重文献》。——原版编者注
③　马可·波罗（Marco Polo，1254－1324 年）：意大利旅行家。曾在元朝做
官，遍游中国各地。回国后著有《马可·波罗纪行》。

洲，写下了后人皆知的《东方见闻录》。据此书记载，当时的敦煌正处于元朝的统治之下，是"大汗的领土"。而且塔寺的居民大部是佛教徒，很多的奈斯托利派（基督教的一个派系）和伊斯兰教徒也居住在这里。对此类事情，该书都有记载。但是，马可·波罗所看到的是一个日趋衰落的敦煌，所以，我们从他的《东方见闻录》中可以看出，敦煌这地方留给他的印象并不是太深刻。

总之，说到敦煌这一概念，一般就是指清代所设置的敦煌县和清代以前就早已存在的故城址，还可以算上位于敦煌东南方向大约20公里处的莫高窟，其中包括石窟群、窟内壁画、塑像等贵重的历史文物。一般说来，都是把敦煌分为这三部分。我听说在故城址出土了北魏时代（公元386－534年）的石造佛塔。在故城址和莫高窟铭刻着清代以前的古老传统和历史的遗迹。所以，我想先生一定期待着今后也能陆陆续续地发现更多、更有价值的历史文物吧！

常书鸿：我坚信，有着悠久历史的故城址，一定保存有大量未经发现的珍贵文物。在漫长的历史岁月中，由于自然的风化、腐蚀作用和人为的破坏，有的遗迹已经崩溃，有的甚至已被流沙埋没。举个具体的例子来说吧。1963年，正值我们对莫高窟进行全面强化施工之际，在洞前挖土时，人们从地下大约四五米的地方发现了新的石窟和窟前寺的遗迹。这一事实充分说明了一个问题——那就是现在的莫高窟的地面要比唐代、宋代时期莫高窟的地面高出4米以上。这一发现，对于我们这些调查、研究莫高窟遗迹的人来说，是极为重要的，它有着极高的价值和重大的历史意义。

1958年，在离北洞窟的边线50米的地方，从地下5米处，我们发现了一座寺庙的遗址。经考查发现，这座寺庙是被大火烧毁的。根据这些事实，我们坚信，今后在莫高窟附近一定会发现许许多多更有价值的遗迹和文物。

池　田：与在莫高窟所发现的同时，随着敦煌故城址的挖掘和发现，唐朝时期有17大寺院的敦煌的景色也会越来越清楚地展现在人们面前。

常书鸿：的确如此。敦煌故城址有着极为悠久的历史。但是，令人难以想象的是，到了明代，敦煌故城址却被人们遗弃了。此后，又遭到了人为的破坏或被流沙埋掉了许多。敦煌故城址位于现在敦煌县城的西侧，被人称为沙州故城。我想，今后对故城址大规横的发掘将是一件非常有意义的事情。

池　田：《大唐西域记》的作者玄奘[①]（公元602－664年）周游了印度和西域。但是，在他的《大唐西域记》中，却没有留下有关敦煌事情的记述。当时的敦煌在

————————

① 玄奘（602－664年）：唐代高僧，佛教学者，旅行家。他曾历尽艰辛，到印度学习佛经。历时17年才回到长安，译出1000余卷经书，著有《大唐西域记》一书。

历史文献中是怎样记述的呢?

常书鸿：玄奘从印度取经归回唐土的路上，顺便到过敦煌。但是，由于时间极为紧迫，没有能作长期逗留。因此，在他的西域纪行中，没有能给后人留下关于敦煌的记载。不过。根据历史文献记载，当时的敦煌非常繁华，商人大贾云居于此，而且每天集市分朝市、昼市、夜市 3 次，可谓盛况空前。

敦煌莫高窟的开创

池　田：根据李克让的《重修莫高窟佛龛碑》记载，敦煌莫高窟的第一座石窟是建元二年（公元 366 年）开始创建的，而且在碑文中还记述了这样一件事情。

公元 366 年，沙门乐僔、法良两人相约而行，漫步在附近的山野之中。突然间，他们发现山顶被金色所笼罩，闪闪发亮，宛若千佛正现真身。随后，他们便就地造石窟一座，以作纪念。这可以称得上是莫高窟开创的由来。但是，后人不禁要问，僧人乐僔所看到的千佛现身到底是一种什么样的现象呢? 与这个问题相联系，据说位于黄河上游的炳灵寺石窟的"炳灵"一词来源于藏语的"十万佛"或者是"千佛"，史书上有这样的记载。

常书鸿：最初记载"三危山上的金光"这种莫高窟奇异景色的文献，确实如您刚才所说的，是在莫高窟的第323洞窟中发现的唐朝圣历三年（公元698年）李克让修复莫高窟佛龛时所建的《重修莫高窟佛龛碑》。我在莫高窟生活了几十年，曾经看到过这样的情景。这种金光看起来确实是一种非常美丽的景色，特别是在盛夏八月雨后（敦煌是沙漠气候，降水极少）的傍晚，位于莫高窟东方的三危山上，夕阳西斜，宛如完全熟透了的桔子一样，呈现出金黄色。三危山的背后是渐渐变暗的天空，前方是暗淡的呈茶色的沙漠，唯有照在三危山上的夕阳显出极为清晰的金黄色。在带状的金黄色背景下，山脉看上去宛若千尊佛并列而坐，我经常登上屋顶，去把这种美丽的景色用画笔画下来。

50年代，我曾和著名画家叶浅予先生、李斛①先生一起在莫高窟看到过这种奇异的景色。如李斛先生所说："那些小山，看起来确实像千佛并列。"叶浅予先生惊叹道："那些山顶，简直像文殊菩萨在静坐。"1978年，画家冯真告诉我，他看到了金光由三危山向四方投射的景色。他说，当时觉得美丽异常，大为震惊，可一瞬间金光又消失得无影无踪。我的儿子嘉煌也曾看到过类似的景色。他经常在山顶上画画。当太阳西斜，刚接触到地平线的那一瞬间，从三危山方向放射出了千万道金色之光，他急忙拿出相机想拍摄下这种情景，可是已经来不及了。虽然这种

---

① 叶浅予、李斛：现代中国画家、教授，曾亲赴敦煌进行临摹、研究工作。

金光在极其偶然的机会下才能看到，但是我认为，唐代李克让所建《重修莫高窟佛龛碑》的碑文中所记载的僧人乐僔看到的若千佛现身的金光是确有其事的。这种金光给了画家、诗人许许多多的灵感和梦幻。每当我看到金光，想象"千佛静坐"的情景时，我的心总是陶醉，每次都沉浸在那无垠的暇想之中。

池　田：真是奇妙。听了常先生的一席话，对于敦煌莫高窟开创的经过和文献中记载的"千佛"的具体形象有了越来越清楚的认识。不过，对于"千佛"这一词，《法华经》① 中的《普贤菩萨劝发品》中有这样的记载："若普贤菩萨去世，授之以千佛之手。让他不惊惧，防止他向恶的方面发展。"（《妙法莲华经并开结》667 页）

在日莲②大圣人的御书里面，有的地方也引用了《普贤菩萨劝发品》中之文句，比如："千佛就是千数的法门，谤法之人，地狱鬼卒就要捉拿他，《法华经》的修行者，千佛就会来欢迎他。"（同上书，780 页）

"不是一佛二佛，也不是一百佛二百佛，而是有千佛来迎接，来拉着他的手"（同上书，1337 页）。

这些话充分显示了《法华经》信仰的独到和伟大之处。

---

① 《法华经》：全名《妙法莲华经》。后秦鸠摩罗什翻译。主张人人皆可成佛，并说明只有《法华经》才是"一乘"法，其他教法只是引导众生接受"一乘"法的方便而已。

② 日莲（1222－1282 年）：日本佛教日莲宗创始人。法名生房莲长。他曾要求禁止净土宗、禅宗等诸宗。专奉法华信仰，著有《观心本尊钞》、《开目钞》等。

在净土三部经的阿弥陀佛信仰中，以为人死之后，观音菩萨和势至菩萨就会来迎接他。与此相对，《法华经》用"千佛来迎"这种形式庄严、规模宏大、气势磅礴的表现方式更突出了其独到与伟大之处。正因为如此，"千佛"这一词对我们来说，就成为一个非常亲切的佛教用语。

我又想起了大乘佛典对于佛和佛国土象征的描绘。在《法华经》的序品中，有对这样一种场面的描写：从佛的眉宇之间，放射出了一道光芒，照亮了东方 18000 个国家的土地，结果这些国家的大地都变成了金黄色。看到过三危山金色光芒的人们，在那一瞬间，大概都沉浸在一种窥测到佛国土地后庄严的气氛之中。

不过，在敦煌除了"三危山"之外，还有鸣沙山，人们在鸣沙山的断崖上营造了许多石窟。而且，"鸣沙山"这个名字本身也是一个非常有趣的问题。我想请教一下常先生，为什么把他叫作鸣沙山呢？

常书鸿：当人们从鸣沙山往下走的时候，会听到由于流沙相互撞击、摩擦发出的细小声音。这种声音如同乘坐飞机时所感觉到的微弱震动的声音一样。"鸣沙山"就因此而得名。

池　田：我听说鸣沙山东西长大约有 40 多公里，这样大规模连绵不断的沙丘是怎样形成的呢？

常书鸿：1963 年，我们曾经和有关专家一起开会，讨论了沙子和沙丘的形成问题。在会上，就鸣沙山的形成，我请教了沙漠问题研究专家。不过，对于这个问题，学者们意见各异，没有形成一个统一的认识。通过比较各家之说，我比较倾向于这样一种解释：在鸣沙山的底部，原来是一座普通的山脉，由于两侧的沙丘向东移动，把大大小小的山脉全部覆盖起来，形成了人们今天所见到的鸣沙山。

池　　田：听人说，在鸣沙山中，有一道3000多年来从来没有干涸过的、不可思议的泉水，是吗？

常书鸿：在鸣沙山上，确实有一处四面被沙丘包围着的泉水。因为它形状极像"月牙"，所以在中国话中都把它叫作"月牙泉"。月牙泉处在沙丘的包围之中，当风从东向西吹的时候，沙子落在西面的沙丘上，不会掉进泉水里面；当风从西向东吹的时候，沙子落在东面的沙丘上，也不会吹进泉水里面。因此，这个泉中的水，3000年来从没有干涸过。根据汉代的传说，这儿是天马的出生地。

池　　田：在月牙泉采集到的沙子被人们称为"五色沙子"，这一名称又是怎样得来的呢？

常书鸿：在鸣沙山，流沙有大粒沙子和小粒沙子两种。大粒的沙子尽管比芝麻粒还小，却有各种各样的颜色，如淡灰色、黑色、粉红色、紫色等，实际上应该是比五种颜色还要多。不过，人们只是从颜色多这个意义上把这种沙子叫激"五色沙子"，并不是只指五种颜色。

　　池　　田：明白了。在鸣沙山的断崖上最初开掘石窟，是公元4世纪时的事情。从那以后经过大约1000年的不断开掘，据古书记载石窟的数量已达千余个。但是，其中被人遗忘者有之，崩溃者也有之，现存492窟。不过，现存的数量与解放前相比，增加了183处。我想，今后肯定还会再发掘出新的遗址。

　　常书鸿：1943年，我来到敦煌莫高窟以后，当时洞窟的编号，是使用张大千先生①编就的号码。张大千先生对于位于大石窟通道上的小石窟使用了附属编号。从1947年开始，我们对莫高窟的所有洞窟进行了新的编号。由于当时所有的小石窟也全都编了号，所以加起来总共有468处之多。1953年，在进行拆毁洞窟前面的底坐的施工和1963年为了对石窟进行全面修理而进行周围加固施工时，新发现了24处洞窟。实际上，在莫高窟有700多个洞窟。在这些洞窟中，只是对有壁画和塑像的洞窟编了号，合起来有492处。虽然在北边区域还有许多石窟，但因为里面没有壁画和塑像，所以没有对它们进行编号。对于您刚才问的，今后是不是有可能再有新的发现，40多年来我一直没有放弃这个念头：新发现是可能的。在整修加固的施工

―――――――――

　　①　张大千（1899－1983）：四川人，著名国画家。1941－1943年主持敦煌莫高窟的临摹和研究。代表作有《烟雨归舟》、《停舟听雨》等。

中，或者是在调查中，我的头脑里经常会有这样的想法。

池　田：在莫高窟，最大的石窟是哪一座呢？它的规模有多大，那么最小的又是一种什么样的情况呢……？

常书鸿：洞窟的大小从高度和占地面积两部分来衡量。最高的洞窟是第96窟。有9层楼那样高，里面的弥勒大佛高33米。要从面积来讲，最大的是宋代建成的第61窟，横宽13米、纵深14米。最小的石窟是第37号窟，确实很小，小到连人都不能进去。

沙漠大画廊

池　田：敦煌石窟中的绘画作品，是从4世纪到元代近千年的历史长河中遗留下来的珍宝。当您观看这些绘画的画集或者是图录的时候，仿佛能感觉到生活在北凉、北魏、北周、隋朝、唐朝、五代、宋朝、西夏、元朝等历史时代的人们的呼吸，更能了解到他们的生活方式、对美的执著的追求以及对于和平幸福的向往。

常书鸿：中国古代的绘画资料，大部分都流失到了海外，残存下来的很少。一些历史建筑物，由于自然的侵蚀，以及人为的破坏，大部分都趋于塌崩，甚至灭迹。只有敦煌，比较完整地保存了历代绘画的风格和佛教资料。所以，这些文化遗产对于我们来说极为重要，把它们称为"沙漠大画廊"毫不为过。

池　田：确实是珍贵的历史文化遗产。据说绘画的总面积加起来有4.5万平方米。如果把它比作纵高1米的一幅画的话，那么横长就有45公里之多。从这样大的规模来看，完全可以称得上是空前的大画廊。在莫高窟的北部发现了无名画家们居住的洞窟群，在那里，他们给后世留下了这些无与伦比的精美绘画。当时，他们是怎样生活的呢？我想听一下常先生的意见。

常书鸿：我们把这样的洞窟称为"画工洞"。"画工洞"内高度很低，正常人都难以直着站起来。从这一点可以看出，他们的生活极为艰苦。现存有关画工们的资料非常少，但是敦煌文献记载了这样一个事实，开掘洞窟的石匠和画家们，由于贫困，不得不将孩子作抵押来借钱维持生活。

池　田：这些事情的确非常令人痛心。但是，为什么他们在如此艰苦的生活环境中，还能给我们留下来数目巨大、艺术价值极高的石窟呢？在成就这些事业的背后，一定有着他们对于永恒的向往。在这里，我们不难想象，正是对于佛教的笃信，成为画工们的精神支柱。

常书鸿：虽然没有详细的历史资料供我们分析了解，

但是，我们可以想象到，画工们整天都是一丝不苟地蹲着、或者是伏在地上精心地绘画、雕刻。他们极为认真地工作，给后人留下了非常精美的艺术珍品。在困难的生活环境中，他们的这种勇气和毅力是用金钱所无法代替的。我想，只有虔诚的信仰，才是他们完成这一伟大事业的坚强支柱。

池　田：在壁画中，对于民众的生活也有所描述，我想这也是研究平民生活的宝贵历史资料吧？

常书鸿：1950年，我以《敦煌壁画——人间的生活》为题，写了一篇论文。在这篇论文中，我总结了壁画中描绘历代人民生活的资料。壁画中对当时的生活的描绘可以说是栩栩如生，特别富有生活气息。壁画上面所描绘的一些生活习惯，至今还可以从人们的生活中看到。比如在农村常见的牛拉犁耕田的情景，与壁画中所描绘的一模一样。换言之，壁画非常实地反映了人们当时的生活状态。在壁画中还可以发现古代文献中所记载的各式各样的事情。因此，敦煌壁画也可以称作宫廷和平民生活的大百科全书。

佛典以及贵重文献

池　田：敦煌之所以引起全世界的高度注意，正如刚才所说的那样，是因为本世纪初，在莫高窟的第17号洞窟发现了大量的经卷、书画和文献，据说是多达四五万卷的贵重遗产。为什么在那里会留下如此繁富的珍贵历史资料，这也是井上靖先生在其小说《敦煌》中所要揭示的主题。这其中的大部分被英国的中亚探险家斯坦因和法国的东洋学者伯希和①带到国外去了。以后，残留下来的8000卷被运到北京。如此重要的文献流失到海外不能不说是一件非常遗憾的事情。

常书鸿：我以前曾主张，把散失在各国的文物、古代文献等归还到敦煌，供各国的学者以及中国学者共同研究使用。过去，由于缺乏爱国心的腐败官僚们不负责任，致使在藏经洞发现的物品几乎全部流失到海外许多地方。

这些东西，内容极为丰富。例如，有绘画，有各方面的古代文献，包括历史、地理、宗教、古代科学技术、平民生活、服饰、军事、小说、通俗文学，等等。要想进行全面的研究，只有把这些资料集中起来，才能给学者们提供非常优良的研究条件。却使单单从艺术性这一角度来看，敦煌也不仅仅是中国一国的私有品，而应该是世界的艺术宝库。

池　田：把人类的瑰宝归还到故乡——我完全赞同先

---

①　伯希和（Paul Pelliot，1879－1945年）：法国汉学家。1906－1908年间曾在中国活动，从敦煌千佛洞盗走大量珍贵文物，运往巴黎。著有《敦煌千佛洞》等。

生的呼吁。在不同的场合，我也有过同样的主张。下面，让我们稍微变化一下谈话的角度——从本世纪初的第 17 窟藏经洞被发现以来，敦煌引起了全世界的关注。当先生第一次进入第 17 窟藏经洞时，您有何感想呢？

常书鸿：话要从我 1936 年在法国巴黎看到由伯希和编辑的《郭煌千佛洞》一书说起。根据伯希和的《敦煌千佛洞》所载，藏经洞是装满有丝绸绘画，以及写经的洞窟。可当我到郭煌进入此窟后，里面已经空空如也，经卷已不复存在，宛如人们搬家以后留下来的一座空房子，感到非常空寂。壁画上的养侍女和供养比丘尼静静地站在菩提树下。供养侍女的脸上充满善良的微笑，仿佛在向我轻声诉说着什么："终于把你盼来啦，我的孩子。请你自己看看吧，我很惭愧没有能保护好这满屋子的珍宝。我默默地站在这里，要告诉所有到这儿来的人们这究竟是怎么一回事，因为我是历史的见证人。"那时，我自己也心中暗暗发誓，我也要永远站在莫高窟的大地上，使她不再遭受任何灾难和蹂躏。

池 田：您讲得太好了。据说，这座藏经堂是公元 848 年修建的，是汉族再一次统治了敦煌的时候，它和劳苦功高的功臣洪誓有关系。这是根据什么理由，作出以上判断的呢？

常书鸿：当发现藏经洞之际，里面有晚唐大中年代的

《洪晉告身敕牒碑》。王道士把这座碑从藏经堂中搬了出来，安放在第16洞窟通，路的北壁上。从这里我们就可以明白，第17窟的藏经堂实际上就是洪晉和尚的御影堂，洞中只有佛坛和神龛之类的的东西，但没有应该被供奉的洪晉和尚的塑像。以后在对洞窟进行调查的时候，发现了位于右测的第362号小洞窟中，放有晚唐时雕塑的和尚塑像，这个塑像的艺术风格和尺寸大小，正好与我想像的藏经堂中所缺少的洪晉和尚的像相温和。经过详细研究，结果表明这座雕像就是藏经堂中洪晉和尚的塑像。因此，在1963年，对洞窟进行加固施工时，就把这座塑像从第362窟移到了第17窟。同时，把《洪晉告身敕牒碑》也移到了藏经堂。我在石碑的背面题上了字，记述了石碑的历史和发现经过。

池　田：确实如此。您的解释明白易懂。不过，刚才您说过，在敦煌的文物中，佛教经典是1900年在藏经洞（第17窟）中大量发现的，此后，常先生到达敦煌后，又在藏经洞以外的地方发现了经文。这些文物，请问您是怎样发现的；作为发现贵重历史文物的见证，我想请您把当时发现时的情况、背景等作一个详尽的介绍。

常书鸿：国立敦煌艺术研究所设在离敦煌县城25公里的莫高窟，四面都是荒无人姻的沙漠。从敦煌到莫高窟，只有一条人们长期行走形成的羊肠小道。

主要的交通手段是牛车、马、骡等。1943年，刚设立敦煌研究所的时候，为了拉车和耕田，购进了两头驴和一头牛，虽然还想再买一匹马，可是由于研究所的经费不足，就没能买成。有一天，从当时的敦煌县县长陈西谷先生那里听到了这样一条消息，说县法院从在南山被捕的土匪那里没收了一匹枣红色的马，如果研究所需要这匹马的话，那就送给我们。在敦煌有两种马，一种是拉车用的马，一种是被训练出来可乘的马。

这匹枣红马是一匹很好的坐骑。我们要下了这匹马以后，饲养的家畜就有 4 头了。作为饲养家畜存放饲科的场所，我们选择了位于中寺后面的一座小庙。在庙里，有清朝末年创作的 3 尊塑像。因为这些作品的质量不是太好，价值也不太大，我们就决定把它们移到别的地方去。

敦煌塑像的一般创作方法，是先在中心放一根木头，在木头的上端再绑上一根木头，呈十字形，周围用草和芦苇严实地包起来；在上面用麦秸和泥作大致的形状，然后用绵和细泥来完成细部和表面，最后才能着色。1944 年 8 月 30 日，我们开始移动庙中的三尊塑像的时候，注意到这些塑像的创作方法和一般的塑像不大相同。研究所负责移动施工的老工作人员窦占彪向我汇报说："我们想试着移动庙中的 3 尊塑像，可是由于这些塑像中心的木棒在土台基座下埋得很深，所以无法移动。因为没有别的办法，只好毁掉塑像，拆毁后发现，塑像中心的木棒是桃木的。在敦煌的古代居民中，大都迷信神灵，他们相信用桃木可以驱逐鬼害，因此选择了桃木作塑像的中心棒。而包木头的材料既不是草，也不是芦苇，而是写经的残片。因此，我就立即跑来向常书鸿所长报告了。"

池　田：这简直是一个难以预料的新发现！

常书鸿：我也觉得这件事情很奇怪。听完汇报后，立即就去现场进行了调查。包桃木的确实是写经，是用麻纸写就的。从纸质和字体来看，可以断明是北朝时期的作品。因为这是一个非常重大的发现，所以立即就把这些写经加封，妥善地保存下来。然后，立即和研究所的全体人员（董希文、李浴、苏莹辉、陈延儒、张琳瑛、邵苏芳、陈芝秀、辛普德、刘荣曾等），会同当时正在敦煌对佛爷庙进行调查、发掘的中央研究院的考古学家夏鼐、向达①等一起进行了鉴定。共计有经文等 66 种。残片 32 片。这是继 1900 年藏经洞发现以来的又一次重大发现。

这次发现，还有另一重要意义。我问了当时住在莫高窟寺院的老住持。他说，庙中的这些塑像，在 1900 年发现藏经洞之前，就早已有了。也就是说，这些写经并不是藏经洞内的东西，从纸质和字体上来看，是六朝的遗品。这次发现，证明了在第 17 窟的藏经洞之外，也有发现写经的可能。40 多年来，我一直坚持这种观点。我认为今后在敦煌一定会发现新的洞窟、写经和壁画。

_____

① 夏鼐（1910－1985 年）：考古学家。浙江温州人。1913 年任西北科学考察团历史考古组副组长赴敦煌考察。　向达（1900－1906 年）。历史学家。湖南溆浦人。1941 年赴敦煌考察，首先提出将千佛洞收归国有，1943 年任西北科学考察团历史考古组组长。

池　田：也就是说，以后完全有可能从各种不同的地方发现大量的贵重资料，这种可能性毋庸置疑。

敦煌的光彩

常书鸿、池田大作对谈录

○ 第二章　寻求永恒的存在

美丽的西子湖畔

池　　田：听说，常先生出生在风景如画的杭州。

常书鸿：是的。

池　　田：杭州确实是个好地方，我曾经去过一次。

常书鸿：您是什么时候去的？

池　　田：1974年，第一次来贵国访问。那时，东京和北京之间还没有通航。我从香港绕道广州到达北京。在北京，会见了当时的李先念副总理，还访问了北京大学。以后，又继续到上海和西安进行访问。记得到达杭州是在一天深夜，第二天傍晚，按照日程安排，又回到了上海，真是匆匆忙忙。当时，中日友好协会的孙平化会长（那时为秘书长）一直陪同我们旅游。

常书鸿：我出生在风光明媚的西子湖畔，少年时代，青年时代，一直都是在这如画的地方度过的。

池　田：唐朝的大诗人白乐天①曾称赞杭州的景致天下无比。苏东坡②（北宋著名诗人）有一首非常有名的七言绝句歌颂西湖的美景："水光潋艳晴方好，山色空濛雨亦奇。欲把西湖比西子，淡妆浓抹总相宜。"（《苏东坡诗集》，金冈昭光译，角川书店出版）。我们去的那天，正好下着雨，确如诗人所描绘的那样"雨亦奇"。我们游览了"三潭印月"（西湖十景之一），烟雨漾漾的西湖，的确别有一番韵味。下了游船，在花港公园稍稍避了一下雨，在这当儿，我与一位小男孩交上了朋友，他从山东省来，才11岁。我发现，西湖不可思议地美化了少年的心灵。

常书鸿：在我家门的正前方有一条小河，还有一片荷花池。春天一到，就有许多小蝌蚪在池里穿梭漫游。不多久，小蝌蚪的尾巴就消失了，变成了青蛙，在荷叶上跳来跳去，捕食小虫儿。

一到早晨，池畔聚起来许许多多的小虾米，它们透明的躯体，即使在水中也能看得一清二楚，说不定偶尔还会有几只跳上岸来。每天清晨我都很早起来去捕虾米，每次都能装满一大脸盆，然后交给母亲。因为当时家里很穷，我们就用这些虾米做菜吃。

每年季节一到，荷叶就慢慢地从水中露出，像伞一样渐渐张大开来。不知不觉中，荷花就高出叶子竞相开放，

---

① 白乐天（772－846年）：即唐代诗人白居易，陕西人。曾任杭州刺史。著名作品有《长恨歌》、《琵琶行》等。
② 苏东坡（1037－1101年）：北宋时期文学家，四川人。曾出任杭州，西湖苏堤即苏在任时修筑，因以得名。诗文书画皆名于世。

争奇斗艳，显得格外美丽。到时侯，我们就去采莲蓬，吃莲子。每年都这样。当荷花盛开的时候，我常常被这种美丽所感动，总想把这动人的景色，用画描绘出来。

池　　田：对、对，在我构思给先生的诗的时候，① 脑海中首先浮现的就是荷花。

西湖可赏莲，
碧波叶田田。
孤山红梅艳，
秋月竞争先。

家境虽贫寒，
英才出少年。
不畏艺道险，
壮志凌云烟。

我好像明白了，常先生生在西湖、长在西湖，您的宏愿便是专志于美术事业。常先生，在西子湖畔的生活中，您印象最深的是什么？

常书鸿：印象最深的一件事情，是发生在 1924 年。当

___

① 1985 年，池田大作写信给常书鸿，并赋长诗一首。信中说："为了祈愿今后的友好发展，和对常书鸿先生的宝贵贡献表示感谢，特写了一首诗，送给先生作纪念。"这封信和长诗见本书第 147－150 页。——原版编者注

时，我正在远处画雷峰塔（为巨大的 7 层砖造塔，"雷峰夕照"是西湖十景之一）。忽然，沙尘突起，漫天飞舞，很快，我就从一个船老大那儿听说，原来是雷峰塔倒了。值得庆幸的是，我年青时见到过雷峰塔的雄姿。而且，还把我描绘雷峰塔的画儿精心保存了下来。所以，我始终认为，绘画是一项非常了不起的工作。以后，我选择了写实主义的绘画流派，可以说受这件事情的影响很大。

池　田：像宝贵的青春一样，这是非常有价值的画面啊！我也非常喜欢绘画，在逝去的时间长河中，一块画布上，"永远的瞬间"会永放光芒。倍经磨练的画家们的心镜所映射出来的刹那间的美，能够经过数百年的岁月，给遥远的不同国度的人们以不灭的光辉。先生以描绘美丽的世界为目标，走上了艺术道路。据说当初您的第一个老师是您的叔叔。

常书鸿：您说得对。把我引上艺术之路的第一个老师是我的三叔。我的三叔和四叔身体都有病，三叔曾从秋千上掉下来，身体致残；四叔小时候非常可爱，经常被大人举起来逗着玩，有一次不幸失手，被摔在地上，也成了残疾人。

特别是三叔，身体状况极为不佳，两腿弯曲得很厉害，几乎紧贴着胸口，右手也不能伸直。但是，他并没有因病而意志消沉，而是每时每刻都在顽强地生活着。他只有一只手可以活动，可是经过长时间的锻炼，这只手终于能画画了。每到春节或是圣诞节前后，他就画贺年卡上的画，比如，小孩跳绳、爆竹游戏、灯笼游戏，等等。有时，他事先画好草稿，然后让我们小孩子照着他的样子画，最后再让我们着色，制成贺年卡。画了一遍又一遍，功夫不负有心人，终于，我们也能画得越来越像了。叔叔的身体不好，画画时极为困难，他好像认为我画得不错，所以答应要教我画画。当时，家里非常贫寒，为了帮助维持生计，我就开始给人画像。当时虽然也有照相馆，但是一张至少要花四五十元钱，对一般家庭来说是负担不起的。我在家门口写了一幅替人画像的广告，画一张能得二三十元钱，对家里帮助很大，而我的画也越来越好了。所以，说三叔是我学画的启蒙老师，毫不为过。

池　田：还应该说是您人生的老师。常书鸿先生，你们家是怎样的一种家风呢？听人说，您祖父是蒙古军人，这种家风至今还保存着吗？

常书鸿：我祖父是蒙古族人，名字叫伊尔根觉罗。清朝时，从东北的黑龙江来到杭州作守备军，从此，就定居杭州了。在西湖边上有一个叫作"旗下营"的地方。清朝时迁来的满族人，大都集居在这里。我们的祖先从东北南下以后，一般都被人称为"满族"。小时候，祖母经常给我们讲起祖先们的故事，她告诉我，我们的祖先在战争中都是英勇善战的好汉。

每年，到了祭祀祖先的日子，母亲总是把头发高高地挽起来，并且穿上高高的木屐和旗袍（民族服装）。

辛亥革命（1911年）时期爆发的"杀鞑子"（即杀满族人）运动，对于我们来说，是一次非常痛苦的经历。各种各样的消息交相传来，我和祖母一起逃出去，躲了起来。不过，街上倒是非常平静，家人也没有出什么事儿。因此，一直到1950年，我也没有敢说自己是蒙古族人。

我生来就具有一种不屈从于权力的倔强性格，这是从祖先那儿继承下来的秉性。我相信，祖母和母亲对我从小就进行了这样的教育。

在战争年代中

常书鸿：不要只是我说我的，我还想了解一下池田先生少年时代的生活环境。

池　田：我于昭和三年（公元1928年）出生在现今东京羽田机场的附近。我们家从事海苔制造工作，我在弟兄中间排行第五。我现在仍记得，当时我们家院子很大，一年四季花草不断，有樱花、无花果、菖蒲、石榴、西瓜、香瓜等，还有一个大池子。总之，少年时代觉得什么都是特别大，可实际上是一种什么情况，现在已经记不太清楚了。只记得池子里面长满荷花，鸭子在水里游来游去，还可以钓鱼、捉蜻蜓。家门的前面，有一条美丽的小河，里面的水是能喝的。

房子的周围，是广阔的田野，这种景色对于今天使用羽田机场的人们来说，是根本想象不到的。美丽的海岸就在附近，在新鲜的空气中，与大自然一起度过了许许多多闲适、恬静的日子。家里吃的东西，大体上都能自给自足，属于半渔半农的家庭，这里可以说是东京都内的农村。

常书鸿：确实是这样。

池　田：但是，天有不测风云，我上小学二年级的时候，正在工作的父亲突然患风湿症，有两年多卧床不起。这段时间，可以说是我的生活中最窘迫的日子。冬天，天亮之前即在海西上采集海苔，这工作实在是太艰辛，就连一旁作帮手的我，也深深地尝到了这种寒冷和辛酸的滋味。

后来，战争不断扩大，从大哥开始，4 个哥哥都相继被抓到部队去充军。我从小学六年级起，加上高等小学的2 年，有 3 年多的时间，帮人家送报纸，这多少能贴补一下家用。每天我都努力工作，当时，即便一个小孩子也能感到生活得精疲力尽，那个时代确实异常艰难。

常书鸿：您少年时代，从您的双亲那儿接受了一些什么教育呢？

池　田：我家孩子多，并且我刚才已经说过，父亲长

第二章　寻求永恒的存在

37

期因病卧床不起，生活困难，我几乎没有受到过什么正规的学校教育。只是父母亲都是非常正直、诚实的人，甚至可以说是非常善良的模范市民，我虽然没有受过什么真正的学校教育，但从父母那儿，不知不觉中，学到了许多优良的做人的品质。

常书鸿：请问，您的父母是什么样的人呢？

池　田：我父亲生前被附近的人们称为"老倔头"，性格极为倔强。虽然我家非常贫穷，但我经常听父亲说："不要给别人添麻烦太多。"以前由日本经济新闻社发行的《我的履历书》一书中，对于他的事情也有所记载。

父亲非常喜欢整洁，他的性格使他要求所有的东西都要井井有条。有时他会用食指摸一下拉门的门框，如果手上沾了灰尘，他就会责怪我们扫除不彻底。因此，我们家的门窗玻璃一年四季都是一尘不染、闪闪发亮的。现在我在日常生活中也特别爱干净，东西稍有凌乱就会感觉不舒服，大概这也是父亲遗传的缘故吧。我常常回忆起我的父亲，倔强、严格，又总是善于待人，竭尽全力去帮助别人。可是，父亲坚决反对我想加入少年航空兵的志愿。

我还记得，有一次掉进小池里，差点被淹死。我大声呼救，用力挣扎，很快就要精疲力尽，沉到水里去了，父亲听到消息就跑着赶来了。直到现在，我还清楚地记得父亲把我救上来时那双温暖的大手。我听说，常书鸿先生在小时候，有一次也曾经掉进您家乡杭州的西湖中，差点送了命，好像是有一个青年人跳到湖里，把您救了上来。

常书鸿：对，有这么一回事。那么，您的母亲又是一个什么样的家长呢？

池　田：母亲么，她总是尽心地侍奉着自己顽固的丈夫而毫无怨言，总是默默地工作着。少年时代我就从母亲身上，深深地感觉到劳动的伟大。

母亲虽然非常慈善，但也总是像父亲那样严格教育我们做到两件事："不要给别人添麻烦"；"不许说谎"。话虽然说得很平凡，我却认为，对于做人而言，这应该是最基本的教育。

常书鸿：听说您有个哥哥在战场上阵亡了，在少年时，您身体也非常弱，这些事是否对您产生过什么影响呢？

池　田：我的 4 个哥哥，都在部队上服过役。昭和十六年（1941 年），大哥曾从部队上回过日本一次。那时候，我只有 13 岁。现在，我还清楚地记得从大哥那儿听来的悲惨的战争故事。

他曾经这样给我说："日本军队太残酷，而中国人太可怜了。"他的话，直到现在仍然清晰地铭记在我心中。此后，哥哥又一次充军，离开日本。哥哥们都是强劳动力，都被迫去打仗，我们家的生活陷入了极为贫困的境地。战后，除大哥外，另外 2 个哥哥，都相继复员回家。母亲坚信大哥也一定能复员回家，每天都在心里盼望着他归来，可大哥却在缅甸战场上阵亡了，当时年仅 29 岁。这个消息传来时，战争已经结束两年了。当母亲抱着装有哥哥骨灰的白木箱子时，我不敢正眼看她那悲痛欲绝的样子。从母亲失去爱子的深深悲痛中，我痛感到了战争的悲惨和残酷。我的同学中有好些人作为"少年志愿兵"去了战场，有的朋友因此而失去了他们年轻的生命。我也有过类似的经历，在大空袭中，房屋两次被烧毁，我曾经在烧成灰烬的瓦砾中挣扎。上旧制小学前，我还患过一次肺炎。从那以后，疾病和战争持续了相当长的时间。由于这种体验，我深感自己对于体弱的人和病人有着一种特别敏感的反应。这对健康的人来说，也许是一件根本就不会明白的事情。记得上小学时，我经常出虚汗、做恶梦，在幼小的心灵中，就经常考虑这样一个问题："人死了以后，会变成什么样子呢？"

下面是发生在战争时的一件事。我在青年学校接受军事训练的时候，突然间大吐血，然后就是咳嗽不止，不断出虚汗，肺病越来越重，连医生也束手无策了。医生劝我，说只有静养，没有别的办法。但是，由于受到大空袭的威胁，根本无法安静下来养病。后来又患了胸膜炎，医生好像说过，我能否活到二十五、六岁都成问题。在这种情况下，人的生死问题在我的脑海中已不存在了，我大量阅读有关哲学和思想的书籍。对"生命"与"和平"这两个问题，我的兴趣越来越浓厚了。

朋友和师长

池　田：现在，我再向您提几个问题，我想日本的读者都在期待着这些问题的答案……首先，常先生没有进过美术专科学校，而是从工业学校的染织专科毕业的，① 这件事情对于您以后从事敦煌的壁画研究有没有帮助呢？

常书鸿：我喜欢丰富的色彩和富有装饰性的花卉。这些对于以后临摹敦煌壁画起了很大的作用。

我从小时就喜欢绘画，想去美术学院，可是父亲却说："不会有什么出息，别去上了！"并且还劝我，为了国家，应该去做一个实业家，让我选择了工科。没有办法，我就进了浙江省立甲种工业学校。但是，我无论如何对代数、几何等提不起兴趣，幸好学校还有染织专科，所以我就选择了这一专业。往布料上染红色或绿色，我感觉到好像是开辟了一个新天地，这件事情对我以后从事油画也有很大的影响。

池　田：在学校时代的恩师中，给您留下印象最深的

---

① 1918 年常书鸿小学毕业后考入浙江省立甲种工业学校（浙江大学前身）染织科学习，毕业后留校任助教，并担任校纺织工厂技术员。在此期间，他曾利用暑假连续 3 年到上海美术专科学校暑期班学习，因学习刻苦，成绩优良，深得校长刘海粟和其他教授的嘉许，被特准颁以上海美专毕业证书。——原版编者注

是哪一位先生？另外，常先生有没有什么值得回忆的好
友呢？

常书鸿：我最尊敬的老师是浙江省立甲种工业学校
（现为浙江大学）时代的一位老师。这位老师经常以"实
业救国"来教育我们，因此，他总是给我们讲起学习先进
技术的重要性。这些，成了我救国思想的起点，也成为我
为祖国努力学习的思想的原动力。在朋友中，我记忆最深
刻的是工业学校时代的同学沈西苓。他也喜欢美术，同我
一样，进了染织专科。我常常同他一起到西湖去写生。我
俩为了更快地提高自己的美术水平，加入了西湖画会。在
那里，我们互相勉励，互相学习，还结识了许多知名的前
辈画家。从工业学校毕业后，他东渡日本去留学，还经常
给我写信。在信中，他说我如果愿意到日本去留学的话，
可以帮我联系，并劝我尽量到日本去。后来，我下决心去
法国留学，就没能去日本。他从日本回国以后，曾对我说
过："祖国正处于危难之中，绘画不能使民众觉醒"，随
后，他就改行搞电影去了。

池　田：噢。

常书鸿：另一位就是西湖画会中与我同岁的画友马施
得。他是师范学校的老师，非常有礼貌，特别勤奋。他的
全家都被军阀以莫须有的罪名逮捕，只有他从后窗逃了出
来。有一天，在我去西湖写生的路上，碰到了军队。当着

众多的人，他们竟处决了 1 名被逮捕的青年人。当我得知被杀的是马施得时，心里受到了极大的刺激。我对这个军阀横行的腐败社会早就失去了信心，所以盼望着尽早到巴黎去。

池　田：您是哪一年去的巴黎？

常书鸿：1927 年。在去的时候，我的旅费几乎全部被一个人骗去。我当时非常幼稚，一个同乡对我说："我和驻巴黎中国大使的父亲很熟悉，你的一切我全包啦。"我就完全听信了他的话，从旅费中拿出 2000 元给了他。然而，他把钱都花在了女人身上，只给我买了一张从上海到马赛的最低等舱的船票。这张票只需 100 元，在船的最低部位，很热，空气也十分污浊，每天还要被迫做些洗盘子、剥土豆皮之类的活儿。

一个月后，船终于到了马赛，可是口袋里剩的钱，就只够吃一顿饭了。虽然我听别人说："到了大使馆就好办了，既有工作，又有钱"，可当我走到大使馆一打听，得知大使即将离任，不管此事，我简直束手无策了。我又去拜访了一下别的同乡，求别人给人介绍一份工作，在巴黎的中国料理店作杂役，总算保住了一日三餐。以后，考试合格，就转为公费留学生，到里昂的中法大学去学习。在那里，每天一边学法语，一边在里昂国立美术专科学校学习绘画。

常书鸿：池田先生，在您的少年时代，有没有您所尊敬的老师呢？

池　　田：小学时，有两位女老师和两位男老师教我们。他们教课都非常认真，令人难忘。特别是我刚才提到过的桧山先生，担任我们即将毕业时的班主任，我对他的印象特别深。

桧山先生非常爱护少年的活泼爱动以及他们各自不同的性格，我认为，他自然而然地就教我们明白做人应该遵守的一切。随着岁月的流逝，我对桧山先生的感激之情与日俱增。进行修学旅行的时候，我常常大方地请客，把零用钱都花光了。先生可能一直看得非常清楚，就提醒我说："池田君，你的哥哥们都去当兵了，你至少应该给爸爸妈妈买些土特产礼品回去啊！"说完还悄悄把我叫到别人看不见的地方，塞给我一些零花钱。

还有一位印象深刻的先生，那就是在羽田的荻中国民学校读书时教我们的冈边克海先生。先生经常和学生们一起练习相扑，并总是毫不掩饰地全力与学生对阵。然而，他的课讲得非常生动，浅显易懂。先生总是让学生们充分发挥自己的才能，引导他们的个性和特质向着正确的方向发展。冈边克海先生就是这样的老师。

常书鸿：在您青少年时代读的书中，给您印象最深的都是些什么书呢？

池　田：首先是法国著名作家雨果①的《悲惨世界》。我记得第一次读这本书大约是在我十四五岁的时候，当时，就深深地被主人公冉·阿让奇特的人生经历和作者雨果对于人的心灵内部逼真的洞察力所吸引，后来反复读了好几遍都爱不释手。书中有这样一段话："人们的慧眼能大量地发现人身的光明和黑暗，而比这更深奥、更复杂、再神秘的无限世界，却无从追寻。比海洋浩翰的是天空，比天空浩翰的是人的心灵"（平岛与志雄译）。雨果揭示人们的内心世界，并由此探求美的光源，对此，我也深有同感。

　　此外，印象很深的文学作品是惠特曼②的诗集《草叶》，我记得最初见到这本集子大约是在 23 岁的时候。当时，我每每带着感情去朗读这些诗篇，还把其中自己喜欢的几首背了下来。在晚上，一个人走夜路回家时，常常是一边小声哼唱着这些优美的诗句，一边往回走。

　　贵国的书，比如《三国志》、《水浒传》、《十八史略》等等，也忘我地阅读了许多。我的恩师户田先生，为了把我们青年人培养成才，经常通过小说和历史书籍来传授给我们各种各样的知识，其中作为教材来使用的书籍中，就有《三国志》一书。另外的教材有：亚历山大·大仲马③

---

① 雨果（Victor Hugo，1802－1885 年）：法国作家，浪漫主义文学的代表人物。他的作品以《悲惨世界》最为著名。
② 惠特曼（Walt Whitman，1819－1892 年）：美国诗人。诗作《草叶集》，自由奔放，对后世影响甚大。
③ 大仲马（Alexander Dumas，1802－1870 年）：法国作家。他的作品以《基度山伯爵》最为著名。

著的《基督山伯爵》、丹尼尔·笛福①的《鲁滨逊飘流记》，等等。在这些书中，各自都闪烁着不同的思想光辉。

总之，年轻时代多读一些好书是非常有益的，而这些书可以说是任何别的东西都不能替代的人生之宝。

决定人生的相逢

池　田：常先生，您是 23 岁时，到法国留学去的吧？听别人说，您当时学习法语非常刻苦，背下了一本法语词典呢。

常书鸿：我小的时候就有一本法语词典，但是我经常装在兜里的不是词典，而是写有法语单词的包巧克力的小纸片。

我经常从婶婶那里要来包巧克力用的小纸片，然后，把单词写在上面，一个一个地背过。因此，口袋里就常常装满了包巧克力的小纸片，每背完一页单词，我就把纸片扔掉。这样日复一日，日积月累，两年间就把一本法语词典全部背了下来。

池　田：我想这种经历，您一生也不会忘记。青年时代，什么都能做，常常用各种各样的办法磨炼自己。而碌

① 笛福（Daniel Defoe，约 1660－1731 年）：英国小说家。代表作为《鲁滨逊飘流记》。

碌无为地虚度青春，将是极为不幸的事情，自己也不能给自己留下什么值得回忆的东西。

常先生在巴黎和里昂主要是学习哪些方面的知识呢？

常书鸿：在巴黎主要是学习美术史和油画技法。里昂是纺织业极为发达的城市，机器织品的图案艺术性非常高，而且，机器织品的图案和美术图案有着密切的联系。因此，在里昂我除了学习美术之外，每个星期天还去学习提花织机的技术，这种机器在法国非常普及。以前在中国的甲种工业学校学到的知识，在我学习操作提花机时派上了很大的用场。

池　田：听人说，您当时在塞纳河畔的露天书店发现了伯希和写的《敦煌千佛洞》一书，那次先生与敦煌的接触，就决定了您一生的道路。

常书鸿：1935 年秋天，我偶然发现了伯希和写的《敦煌千佛洞》一书，如果说这次发现迎来了我人生中最大的转机，毫不为过。这本书给我以很大启发，而且决定了我以后的人生之路。

当时，我在法国孜孜不倦地学习西洋油画。10 年间，我从法国巴黎、里昂的美术家协会 3 次获得金奖，2 次获得银奖，而且还做了法国里昂美术家协会会员，法国全国肖像协会的会员，连我自己也觉得已经是蒙巴纳斯（巴黎艺术家活动中心）的画家了。①

当我看到伯希和的《敦煌千佛洞》一书图片的瞬间，我几乎不能完全相信自己的眼睛了。我想祖国竟然留有这样光辉灿烂的古代文化遗产，简直不能相信这是真的。仔细一看，伯希和在序言中写道，这些照片是 1907 年在敦煌的石窟中拍摄的。我对祖国佛教艺术的辉煌灿烂、博大精深感到十分惊异。把眼前敦煌的石窟艺术品和我以前崇拜的西洋文艺复兴时期的艺术作品进行比较，不论是从历史的久远方面来看，还是从艺术表现技巧上来看，敦煌艺术都更胜一筹，这一点一目了然。"这简直是一个奇迹"，我立即被敦煌艺术所吸引了，并下决心回到祖国，到敦煌去，一定要用自己的眼睛，亲自看一下这些宝物。而且我心中还这样想，作为一个中国人完全有责任去保护、介绍这些文物，使它们重放异彩。

池　田：您真是被深深地吸引住了。

常书鸿：在伯希和的《敦煌千佛洞》图录中，最使我倾心的是壁画的图案部分，宛如提花织机织出的图案一

---

① 1933－1936 年，常书鸿参加了巴黎、里昂的春季沙龙和独立沙龙，他的油画《浴女》、《病妇》、《裸女》分别获得金质奖；《D 夫人》、《湖畔》分别获得银质奖。1936 年，常的油画《姐妹俩》获巴黎美术家协会金质奖，并被授予巴黎国际博览会荣誉奖。与此同时，常书鸿先后有 5 幅油画为法国国家购藏于巴黎现代美术馆、蓬皮杜艺术中心和里昂市立美术馆等处。通过作品展示和参赛获奖，常书鸿在法国美术界有了一定的影响，法国美术家协会推选他为沙龙的超级会员，即 H·C·学会委员，这是中国美术家在法国受到的对外国美术家少有的殊誉。——原版编者注

样。还有第275窟中代表唐代艺术的壁画。随后，我向店主打听了《敦煌千佛洞》一书的价格，贵得惊人，凭我的经济能力是根本买不起的。

店主告诉我，在附近的博物馆里，有从敦煌出土的大量丝绸画，我听后立即就去参观。在那里，我第一次面对唐代壁画进行观摩。这些画的技巧都很娴熟，画面也很整洁、漂亮，我深深地被吸引、被感动了。

池　田： 完全听明白了。您现在讲的故事，也深深地打动了我的心。此后，先生回到了祖国. 在您第一次去敦煌之前，举办了个人油画展，靠卖画来筹措旅费，您当时经济拮据和辛劳的情况是可想而知的。

常书鸿： 在法国看了伯希和的《敦煌千佛洞》的图片以后，我在心中发誓，一定要回到祖国的敦煌去。当时，在繁华的巴黎。我已经在某种程度上取得了一些地位。作为里昂美术家协会的会员和法国肖像画协会的会员，我过着非常安定和舒适的生活。把这所有的优越生活丢弃，回到祖国，这件事情本身就是令人难以理解的；而到只有流浪汉才去的、荒无人烟的敦煌去，就更非平常之举了。

面对的诸多问题中，首先就是经费不足。为了准备、筹措到敦煌去的旅费，我在重庆举办了个人画展。在那里，我卖掉了在法国和中国所作的40幅画，充当旅费。当时政府的教育部并不支持我到敦煌去，但是，我已下定决心背水一战，打算只要赚够旅费，别的什么也不需要，就立即到敦煌去。

可以这样说，伯希和的《敦煌千佛洞》一书，对我的影响极大，几乎决定了我的人生之路。池田先生在这方面有过什么体验吗？

池　田：给我人生影响最大的事情，是同户田先生（创价学会的第二任会长）的直接接触。

常书鸿：那么请问池田先生，您是什么时候、怎样结识户田先生的呢？

池　田：那是日本战败以后的事情。1947 年夏，人们就要欢度第二次终战纪念日，当时我只有 19 岁。我的一位朋友来访，告诉我有一个关于"生命哲学"的会议，问我是否和他同去参加。我当时就想，是不是柏格森①的"生命哲学"呢？问了一下朋友，他说不是。

不管怎么说，因为我对这个问题有兴趣，就和朋友一起去了。这次会议其实是创价学会的一次座谈会，担任主讲的就是户田诚圣先生。

常书鸿：您当时对户田先生的第一印象怎么样？我还

---

① 柏格森（Henri Bergson, 1859 – 1941 年）：法国哲学家。生命哲学和直觉主义的主要代表之一。创用"生命冲动"和"绵延"来解释生命现象。代表作有《时间和自由意志》等。

想问一下，您为什么要选择户田先生作为您人生的老师呢？

池　　田：户田先生当年47岁，要说到对他的第一印象，用一句话就可以概括，他是一个极为杰出的人物。他属于我在此之前从来没有遇到过的那种类型的人，高度近视镜片后的眼睛放射出独特钓、平易近人的目光。我从初次见面起，就不可思议地对他那种毫无顾虑的谈话方式和崇高的人品，有着不尽的好感。当时正值日本战败的第二年，人们都在以各种各样的办法，绞尽脑汁以求生存，而且当时人心极其慌乱。但是，就是在这种情况下，在昏暗的电灯光中，户田先生让人感到了光明、生气和希望。

我深深地被户田先生落落大方的举止和谈话方式所感动。所以，也就不顾是初次见面，便向他请教，单刀直入地提出了3个问题：

"何谓真正的人生？"

"何谓真正的爱者？"

"我们应该怎样来看待天皇？"

户田先生对于这些问题的答复，虽然在小说《人间革命》中也曾谈到过，但他这次的回答更为简洁明了，洋溢着诚实的心声。我的直觉告诉我："这个人说得很正确，他是值得信赖的。"对于这种当时难以用语言表达的心情，在以后的回忆文章中，我曾经这样写道："我自己也不知道为什么，反正当时非常高兴。"那时的感慨，直到如今，仍然非常强烈。而且，我还听说，户田先生曾和创价学会的首任会长牧口常三郎先生一起被捕入狱。后来牧口先生死在狱中，户田先生在狱中被关了2年多的时间。由于站在佛法者的立场上，与那时军国主义大肆宣扬国家神道的做法针锋相对，二人受到了当时不可一世的当权者的迫害。因为他们坚决不屈服，被以违反治安维持法和不敬罪等罪名关进狱中。

反对战争而进入监狱这件事情对我具有决定性的意义。之所以这样认为，在于对反动权力是斗争还是妥协——极端地说，这是判断一个领导者是否合格的一个不可缺少的尺度。在国家战败这样一种悲惨的结局中，人们都开始认真地进行反思，无论如何也不能让这种惨无人道的战争再次发生。对于制止战争的爆发，任何人都有不可推卸的责任。确实，那次我遇上了非常难得的，成为我人生导师的人。只是当时我还不知道，同户田先生的接触会改变我一生的命运。但是，我心中的阴云被抹去了。那时有一种强烈的想法，就是拜户田先生为师，去学习更为深刻的东西。

很快，我就加入了户田先生的组织。然后就日日夜夜地在先生的指导下进行工作了。另外，当时户田先生经常对我说："日本和中国的友好才是最重要的事情。"这虽然已经是30多年前的事情了，但这些话我却铭记在心，时时刻刻牢记着先生的教导。作为先生的弟子，我要以自己最大的努力为日中友好做些事情，不辜负户田先生的在天之灵，不负先生的教诲。

苦难的旅途

池　田：1942 年秋天，常先生接受了无人愿意承担的"国立敦煌艺术研究所"的筹建工作，更加坚定了去敦煌的决心。先生一生都在不断地努力去实现自己年轻时的理想，让"丝绸之路上的宝石"焕发青春。从您身上，我看到了人生的无穷乐趣。

常书鸿：在爱国知识分子的呼吁和国民党元老于右任先生①的倡议下，1942 年国民党政府决定成立国立敦煌艺术研究所。但是，人选问题成了一个很大的难题。形成这种状况的原因是由于敦煌位于中国的西部，非常遥远，没有人愿意去。古诗云：

出了嘉峪关，两眼泪不干。

前望戈壁滩，回望鬼门关。

（一出了嘉峪关，前方就是一望无际的戈壁沙漠，往回看，嘉峪关就成了鬼门关，欲返不能，人们不禁为此痛苦不止）其实，敦煌还要在嘉峪关以西 400 多公里，是一片土地荒芜、人烟稀少的地方，这里在古代是流放犯人、遣派苦役之地，总之一句话，是任何人也不愿意去的

---

① 于右任（1879－1964 年）：陕西泾阳人。中国国民党元老，曾任国民政府监察院院长。擅长书法、诗词，著有《右任文存》、《右任诗书》等。

地方。

当时，我把自己的想法告诉了著名的建筑学家梁思成①先生，梁先生极为赞赏，并且对我说："你一定不要错过这次难得的机会。如果我身体能允许的话，我也非常想去，可是年岁不饶人啊！我只说一句，祝你成功！"

离开热闹繁华、车水马龙的大城市，去戈壁沙漠，感觉好像是离开了人世间的生活，我明了前途之多艰难。但是，敦煌这座沙漠中的宝岛征服了我，我完全入迷了。对祖国文化我有着深深的热爱和憧憬。作为一个爱国知识分子。不论遇到什么困难，都决不后退半步。

池　田：俗话说："千里适者，三月聚粮"，您在实际出发前遇到了什么困难？

常书鸿：从我开始接受"国立敦煌艺术研究所"的筹建工作到赴敦煌赴任之前，发生了许许多多的事情。

首先是前妻这一关。她曾留学法国，专攻雕刻。同我结婚回到祖国以后，在我去敦煌这件事上，她说，只要是为了祖国的艺术研究，你可以去，我没有意见。可是当我接下国立敦煌艺术研究所的筹建工作以后，我必须长期呆在敦煌，为此她的态度完全变了，致使我在家庭和事业之间感到为难。但是，我的性格决定了只要我一旦下决心去干某件事情，就绝不会后退。最后我还是说服了家人，踏

---

① 梁思成（1901－1972 年）：广东人，建筑学家。著有《中国建筑史》等。

上了去敦煌的征程。

1942年冬天，我从重庆乘飞机，离开了富饶、美丽的四川省的绿色大地，向黄沙茫茫、一往无际的西北高原飞去。一方是繁华热闹、绿意盎然韵城市，一方是寂静荒凉、人烟稀少的黄沙。此时此刻，在我的脑海之中，思想斗争非常激烈。

难道我的一生就要这样陪伴着黄沙结束吗？然而，在黄沙的彼岸，我却发现了闪烁着光辉的绿色宝珠。我向往唐代美丽的绘画，我憧憬在巴黎所看到过的丝绸绘画《父母恩重经》中所描绘的在空中自由飘舞的飞天和优美动人、雍容大度的观世音菩萨。对于那在沙漠中闪闪发光的宝珠的向往，打消了我心中的疑虑和矛盾。从此以后，我将不再是巴黎蒙巴纳斯的画家，我已脱胎换骨，成了研究、保护敦煌艺术的苦行僧。

池　田：您的事迹太令人感动了。从重庆乘飞机到达甘肃省的兰州以后，再往前走，行程恐怕就会十分艰难了吧？现在，已经有北京直通敦煌的飞机，交通状况大为改观，比以前要方便多啦。即便如此。据说是早上从北京机场乘飞机出发，到达兰州后，在那里住一晚上，第二天再乘飞机，才能到达敦煌机场。

事实上，创价学会博士部的代表团和我所创立的创价学园的教师代表团都去了敦煌。我的儿子也是创价学园的教师，作为其中一员，他加入了教师代表团。他们去的时候，从兰州到酒泉用了2个半小时，然后从酒泉坐了8个小时的汽车。当最后在沙漠的深处发现有一小片被绿色覆盖的地方时，确实是被感动了。很快，太阳就开始落山了，美丽的彩霞把天空染得通红。他们都说，这景色仿佛是在梦中，简直是幻觉一般。

在兰州和敦煌之间飞机还没有通航的时候，虽然有火车和汽车，但是也既费时间、又累人。从兰州到安西大约有1000公里，然后从安西到敦煌大约有120公里。据说，从前在丝绸之路上骑马或者是骆驼，从安西到敦煌大约要用3天加2个晚上的时间。听人讲，井上靖先生①从开始创作小说《敦煌》起大约过了22年，直到1978年，才第一次真正访问了敦煌。井上靖先生从北京出发，第5天才到达敦煌，他这样叙说自己当时的感受："敦煌离都城北京实在是太遥远了。我觉得，西域史里所记载的敦煌是边境小城的印象，至今仍然保存着它历史的原貌。"

想到这些，常书鸿先生从兰州向敦煌出发的时候是1943年2月，当时正值中日战争最激烈的时候，而且道路也不像今天这样好走。在这种情况下，您却坐卡车到达了目的地——敦煌。真想象不到，您当时是怎样历尽千辛万苦实现自己心愿的呢？

常书鸿：现在回忆起来从兰州到敦煌的旅程，确实是充满艰辛的。但实实在在地说，也应该是一次愉快的旅行。1943年，在兰州过完春节后，我们就开始准备到敦煌

---

① 井上靖（1907年–1991）：日本作家。他的小说有不少以中国古代历史为题材，如《敦煌》、《孔子》等。长期致力于中日文化交流活动。

去的必需品。我们一行 6 人乘坐一辆大卡车出发了。这辆卡车是当地的人们用羊毛和苏联交换来的，是一辆型号非常旧的车子，人们一般都叫它"羊毛车"。由于车子很旧，所以在路上引擎多次发生熄火故障。每当这时候，大家必须都从卡车上跳下来，一起用一根很大的铁管作摇把来启动卡车的发动机。在行车途中，凛冽的寒风呼啸地吹打着面颊，以至双耳被冻得失去了知觉，有时还痛得不得了。如果早晨要很早起来出发的话，帽沿上和眉毛上就会结满了冰霜。每个人的面颊都因为天冷而冻得通红。

有时要在中途停车吃饭，大家下车时，腿、脚早已冻麻木，需要活动很长时间，才能开始走路。因为腿、脚的血液循环发生故障，下车以后，在短时间内根本就无法走路。

我记得，第一顿中午饭是在永登吃的。路旁有一个小店，里面没有桌子，只好用土台来替代。椅子也只是在一块木板上支四条腿，没有上油漆，但是由于长时间的使用，它变成了茶色，被磨得光溜溜的。店主人特意为从远道而来的我们做了一顿拉面吃。拉面在当地这种穷山恶水的地方，已经是款待上等宾客的佳肴了。除了拉面以外，只有一碟盐，一瓶醋，一碗炸油。

不过由于我们 8 人从早上开始什么东西都没吃，大家吃起来还是觉得很香。吃了午饭，给汽车加了些油和水，我们又上车继续赶路。因为是上坡，卡车摇摇晃晃地费力向上爬。而刚吃过午饭的我们，则躺在行李上，甜蜜地进入了梦乡。

有时，碰到大石头或者小沟坎，卡车就颠晃得很厉害，人几乎有从车上被摔下去的危险，所以大家虽说是睡觉，但还必须牢牢地抓住绑行李的绳子，否则就有可能掉下车去。然而，到了下一个休息点的时候，大家不只是腿脚麻木，手也被冻得通红，都肿了起来。

天黑后，在公路周围一望无际的大地上，没有一户人家，寂静的荒野中，只有一座寺院，孤零零地坐落在这里。因为天黑下来了，不能再接着往前走，我们只好投宿在这座庙中。

大家都十分担心庙中是不是会有蛇或毒蜈蚣什么的。心地善良的司机师傅告诉我们不要担心，他给我们解释说："在西北高原上没有蛇和蜈蚣，再说，即使有的话，这么冷的天气也要被冻死。如果是夏天，在这荒凉的寺院中，说不定会有蚂蚁出没，可在这样的严冬季节蚂蚁不会出来，请大家放心好好地睡觉吧"。

他和助手一起抱来了树枝，在上面浇上汽油，点起了火。这一夜，大家都睡得特别香甜。第二天早晨起来，我想用晚上准备在脸盆里的水擦一个冷水澡，可是脸盆中的水，已冻成了冰，像一面镜子。所以只好砸破冰块，把毛巾放在冷水里拧一下，擦洗了一下身体。

我二十几年来一直坚持洗冷水澡，这一天，我好像感觉到从未有过的奇冷。一擦身体，水蒸汽立即就冒了起来。不过，冷是冷，确实非常舒服。

我们坐着羊毛车，像蜗牛爬行一样地前进着。如果按中国当时长途旅行的平均标准速度来计算的话，我们的旅行应该半个月就结束。但是乘羊毛车，到达安西整整用了1个月。1943年2月20日从兰州出发，3月20日终于到达安西。

池　田：确实是一次难以想象的艰苦旅行。我的眼前好像浮现出您们日日夜夜在荒凉的土地上行走的情景。从安西再往前走，是乘骆驼吗？

常书鸿：对。从安西开始，道路就分开了。汽车道只有一条，通往新疆的哈密。我们告别了汽车道以及嘎吱作响的破旧羊毛车，乘车的生活打上了休止符。

从安西到敦煌，只有崎岖不平的土路可走，周围是一望无际的黄色沙漠。这里，偶然也能看到一些沙丘和沙生植物，宛如一个很大的荒凉的古坟。从这儿开始，只有依靠被人们称为"沙漠之舟"的骆驼才能继续往前走。

骆驼走路的样子很独特，骑上去以后，边走边摇晃，使我不禁想起了小时候在西子湖畔划船的情景。对于在沙漠中边走边摇的骆驼来说，"沙漠之舟"的爱称是再合适不过的了。

我们一行6人，借了10头骆驼，向敦煌走去。全部行程有120公里，平均每天走30公里。这是我有生以来第一次骑骆驼。骆驼的个头很高，而且走起路来极富有弹性，由于它晃得很厉害，骑上它，刚开始还有些害怕，可是习惯以后就无忧无虑了。

骆驼的忍耐力非常强，无论让它驮多么重的行李，它都不会生气。我虽然是第一次和它们接触，可是很快就交成了朋友。

池　田：就这样一步一步地终于到达了目的地——敦煌。您到达敦煌的第一印象如何？莫高窟的情景又如何呢？

常书鸿：骑在骆驼上一直往前走，当我们发现在黄色戈壁沙漠的远方有一个绿点时，大家禁不住大声欢呼起来，骆驼好像也理解我们的心情一样，一边在沙地上留下荷花般美丽的脚印，一边加快速度，把我们驮到日思夜想的莫高窟。

我们透过树林的空隙，看到了像蜂窝一样的崖壁。大家下了骆驼朝着那儿跑去。由于下面的洞窟被埋在沙里，所以大家登上沙丘后再滑到洞窟里面去，一下子发现了好几个洞窟。然后，又渡过古老的汉桥，进入一个比较大的洞窟之中。

那里面有很大的壁画，叫作《舍身饲虎图》，它给我的印象最深刻。像画中所描绘的那样．如果萨埵太子能把自己的身体奉献给老虎的话，我想，我也要把自己的一切奉献给这艺术宝库。

敦煌的光彩

常书鸿、池田大作对谈录

○ 第三章 人类闪光的遗产

苦难的岁月

池　田：5年前的秋天，先生送给我一幅精美油画，题名为《雪中的莫高窟》。现在，这幅画已作为珍宝存放在我们的纪念馆里。画上有您的亲笔题辞："回顾五十年敦煌之历史"。我又不由得想起了先生与敦煌共同生活的坎坷人生。

常书鸿：我送给先生的画描绘的是莫高窟的"九层楼"。我对九层楼怀有特别深厚的情感。当时，我第一次骑骆驼向莫高窟进发，到最后几公里处，眼前豁然开朗：在那沉沉如睡、静静欲眠的树林中，九层楼倚着山势傲然挺立。曾在巴黎的伯希和图录中见到过的九层楼这时才真正仁立在我的面前。从那以后的半个世纪，我是踩着九层楼的风铎声走过来的。尤其是夜深人静、万籁俱寂、独自一人躺在床上，仰望深青色的夜空，明月皎皎，风铎阵阵，它们仿佛在责问我："你对敦煌艺术的保护和研究工作，干得怎样了？"在"文化大革命"中，我与家人饱受离别之苦，每逢我夜不成寐时，风铎的声响便远远传来。那种凄凉的声音给我以安慰，给我以希望，也促使我振作起来。

池　田：您就像怜爱自己的孩子那样，从心里热爱敦煌。先生这种淳厚的感情和九层楼画面中的寓意深深地撞击着我的心扉。或许，像常先生这样的人再也不会有了，我觉得，先生与敦煌有一种难以言说的缘份。

常书鸿：在我坎坷的人生中，九层楼曾给予我无限的鼓舞，因此，我喜欢画九层楼。尤其是新雪初霁，九层楼格外耀人悦目。我送给先生的那幅九层楼正是如此。画上有这样的题辞："前事不忘，后事之师。"（把以前发生的事铭记在心，作为将来的借鉴。）

这幅画也寄托着我的希望，就是像莫高窟的九层楼那样，不畏风沙雨雪，希望敦煌——这座艺术宝库的不朽价值永远铭刻在历史深处。这也是我发自内心的祝愿。

池　田：谢谢常先生的厚情。

莫高窟的名字寓有"沙漠高处之窟"的含意，从先生初去那里的情况来看，莫高窟作为"陆中之岛"，那里的生活如衣、食、住、行，无论哪一样大概都是初次体验吧！

常书鸿：莫高窟就像孤岛一样，所有的生活用品都必须到15公里以外的县城（当时敦煌县政府所在地）才能搞到。那时，我住在中寺的后庭（又名皇庆寺），过去是为参拜者修建的。寺里没有床，我用土砌成砖状，然后用它垒成睡觉用的台子，在上面铺了草席，再往草席上面放些麦秸，最后敷上布作为睡铺。凳子也是用土做的，只不过外面涂了一层石灰。当时窗子特别小，又没有电灯，只好在碟子里倒上油，用茎心做灯芯。不过，这种灯的光线特别弱，风一吹马上就灭。过了一段时间后，从敦煌县城买到了苏联制造的石油灯。这种灯有玻璃罩子，可以挡风，而且，光线也亮多了。

池　田：那吃饭问题怎么解决呢？

常书鸿：到敦煌的当天，本来预定去敦煌县城买锅、碗、筷子之类的家具，可没想到，到那里的前一天，县城被土匪抢劫了，城里的店铺全部停止营业。结果，什么也没买到。没有别的办法，我们只好用沙漠中一种名叫红柳的树枝做成筷子，从喇嘛僧那里借来锅、碗，煮了些面条下肚。当时，只有一碟醋和一碟咸菜。

池　田：附近有人居住吗？

常书鸿：当时，画家张大千先生住在上寺（又名雷音寺），与中寺仅有一壁之隔。张大千先生很了解我的贫困生活，不时招待我，给我弄些好吃的。

从那以后，我逐渐习惯了沙漠生活，并且开始养羊，每天挤奶。我还吃了一种从戈壁沙漠中采来的"沙葱"，这种葱比普通的葱味道要好一些。

池　田：冬天大概特别难办吧，在沙漠中，您是怎样度过的呢？

常书鸿： 敦煌的冬天特别寒冷，经常冷到摄氏零下20多度，没有厚厚的棉大衣是过不了冬的。我从市场上买来游牧民做的老羊皮大衣，这种大衣的领子和衣边有红色或绿色的布边装饰，穿着它，看起来如同游牧民一样。

池　田： 刚才，先生提到张大千先生在调查完莫高窟，临走时说："我先走了。你还在这里进行无限期的研究和保护，真是和无期徒刑差不多啊"，（笑）当然，这也许是幽默，但从"无期徒刑"这个词来看，先生当时的生活情形是多么残酷啊！

常书鸿： 那是开了个玩笑。（笑）不过，我想这并不过分。但是，从当时的心境来说，如果能在这个古代佛教文明的海洋里被判无期徒刑的话，我也会乐意接受的。

池　田： 那就让我把先生的伟大信念和业绩介绍给众多的日本青年们。① 敦煌是伟大的历史宝库，人类文化遗产的珍珠，您对敦煌艺术保护和研究的生活犹如一首诗，给我们展示了一个无限辽阔的梦。

---

① 后来，1989年5月7日，池田大作先生在《圣教新闻》上发表演讲，以《人生的桂冠只能在"战斗"中获得》为题，用常书鸿先生的人生历程教育日本青年，该文见于本书"附录一"。

常书鸿：谢谢。

池　田：莫高窟开造于沙漠之中，流沙埋淹，风沙侵蚀，长年累月地闲置着，结果大有濒于倒塌的危险。在这种状况下，常先生为了保护和修复石窟与窟内的壁画以及塑像，是从哪里着手工作的呢？

常书鸿：为了保护和修复莫高窟，我先从植树入手。植树后可以阻挡土沙崩塌。然后建造土墙，防止动物啃噬树木或窜入洞窟。为了阻止沙土流入洞窟，我还在周围设了围墙。

池　田：先生一步一个脚印，踏踏实实地修复莫高窟大业的情景幕幕展现在我的面前。那么，生活用的"水"，先生是怎样解决的呢？

常书鸿：莫高窟的水是从30公里外流来的。但水中含有矿物质，太阳一晒马上就起化学反应，水变得非常苦涩。即使是被称为"甘水井"里的水也不例外。只不过那口井日照时间短，水苦的时间也比较短，因此，每天我都在太阳升起之前便去井里打水，然后把它贮存在器皿里。这样一天的饮水便有了着落。

我们确信深层有地下水，便开始掘井，试图找到地下水，可是很多年都没有成功。1962年，终于在洞窟前十几米外的深层发现了地下水。但检验的结果是水质不好，不能做饮用水。此后，掘井的工作仍在进行。经地质队调查，1980年以后，我们最终在莫高窟找到了可以饮用的地下水。不过，这种水仍不能直接饮用。

池　　田：我想，先生一定为身体健康操过不少心吧！

常书鸿：水的确是个大问题，一旦出现了病人就更不好办。在那里曾发生过好几起生命濒临死亡的险情。

莫高窟是沙漠中的孤岛。看病需到很远的地方。新中国成立前，我的第二个女儿得了急病，当时因敦煌没有医疗设备，街上交通也很不方便，结果，5天以后她就死在莫高窟。

研究所的人员在我女儿的坟前献了花圈，上面写着："孤独贫穷的人们敬赠。"

有一次，担任莫高窟测量图任务的陈延儒得了急症，高烧不止。他昏睡之际曾抓住我的手对我说："所长，我已经活不长了。我死之后，一定要把我埋在沙土中，一定把我埋在沙土中。"

还有一次，我的妻子李承仙差点死去。那天早晨3点左右，她大量出血，脸色眼看着变白。我赶紧请人赶着毛驴去请医生。医生赶到时已是下午3时多了，但幸好有医生的精心看护，才把妻子从死亡线上抢救回来。

池　　田：我想先生的女儿一定会活在先生的心中。夫人也与先生一道经历了种种磨难。先生曾在大作《敦煌的艺术》一书中写到："敦煌有我的大半人生"，我想只有经过艰辛困苦的人才会有如此深切的语言。这些就足以让我们回想起那感慨万千的不寻常的岁月。

常书鸿：谢谢。说起来可能有点重复，但回顾我40多年的人生之路，当初的生活真是历经妻离子散，尝尽艰难困苦。

那时我曾想，是留在敦煌与困难做斗争，还是回到都市过安逸的画家生活呢？每当我为这些烦恼时，许多话语便浮现在脑海里，如张大千先生的"无期徒刑"，徐悲鸿①先生的"不入虎穴，焉得虎子"，梁思成先生的"破釜沉舟"，都时刻激励着我，使我能够继续与困难做斗争。

想起这些话的同时，我心中便升起这么一个念头："人生是战斗的连接。每当一个困难被克服，另一个困难便会出现。人生也是困难的反复，但我决不后退。我的青春不会再来，不论有多大的困难，我一定要战斗到最后。"这个想法更坚定了我留在那里的信念。

从现在看，我的这个选择是正确的。我一点儿都不后悔。

池　田："无悔"的人生是胜利的人生。人生会遇到很多困难，俗话说，决心大困难更大。不少人见了困难就

---

① 徐悲鸿（1895－1953年）：江苏宜兴人，现代画家、美术教育家。少时刻苦学画，曾留学法国。擅长油画、中国画，尤精素描，人物造型，注重写实，传达神情。以画马驰誉中外。他的画融合中西技法，而自成一体。主要作品有《九方皋》、《田横五百士》等。

逃避，半途而退，而先生却坚持不懈，踏着困难走过来。

只有艰难才能磨亮我们胸中的珍珠——在逆风中，人们比顺风里更易于成长。我经常把自身的体验告诉年轻人。在送给一位青年的话中，我这样写道：

"不要悲叹，你

不要输了一次就

灰心丧气

真正的胜利，应该

绽放在人生的最后时刻。"

您应该把这个作为前进的信条！当然，最重要的，正如先生所言，看他是否战斗到最后。只有"我胜了"的人生才是崇高的人生。

常书鸿：池田先生，到现在，您肯定有过不少磨难挫折。先生年轻时就任创价学会会长，先生能否谈一谈当时的感想和抱负？

池　田：我就任创价学会会长时年值32岁。我的恩师、前会长户田先生逝世2年后，理事会决定推举我，几次向我发出邀请。当时，我的健康状况极不稳定，而且，我觉得自己太年轻，就想拒绝了。但是，恩师户田先生生前曾说过："我的工作完成了，今后就看你的了！"他的话催促我，使我不由地产生了接受的念头。

就任后，在拜访一位前辈时，他曾说，"你的情况我从户田前会长那儿听说过"。因此，我深深地感谢户田前会长、我的恩师为我打下了坚实的基础。我内心的愿望是，个人得失均无所谓，但我希望成为学会的中坚。

前进的路途定会有障碍，有暴风雨，但我知道，会长的职位责任重大，既然就任，就只有奋力向前，别无选择。特别是对我来说，最初的2年是决定胜负的关键时期。

贵国有句名言叫作"孜孜不倦"（每日每日不倦地工作）。这或许可以说明我当时的心境。（笑）

同时，我想讲点身边的小事情。就任会长后的一年里，我每天早晨从大田区的家里骑自行车去车站，然后乘电车去信浓町（新宿区）本部。或许有人会说："创价学会的会长还这样……"，但我作为一个年青人，为了将来，必须表现出不奢侈的风范才行。

常书鸿：池田先生在中国也很有名望。您现在的活动原来得力于户田先生！

池　田：我是一个平凡的人，因为想实现恩师的构想才走到今天。因此，什么也不后悔。当然，我更应该感激恩师教给我的崇高的生活态度。

创价学会在以后的17年里，人数比原来的75万增加了10倍，就像您所知道的那样，我们对外维护宗门，创立了政党、大学、学园、美术馆以及日本最大的音乐文化团体，并且以弘扬世界佛法为基调，开展和平、文化、教育运动。这是以恩师最初的构想为基础的。

恩师逝世的前一天，我永远无法忘记，他给我留下遗言说："学会需要一些精锐之才。让那些有能力的人发挥才干！"恩师深知我的性格，大概是担心我难以独力担此重任。真该感谢先生的苦心！

常书鸿：到现在为止，先生感到最困难的事情是什么？

池　田：啊，这也正是我想问您的问题。（笑）不过，先生曾说过，"人生是战斗的连接。克服了一个困难，另一个困难就会出现，人生便是困难的重复。"我深有同感。这些我年轻时就已经习惯了。（笑）

我是一位信仰者。我以为人不能为一善一恶、一喜一忧所困扰，而要淡泊宁静、从容不迫地按照自己的信仰之路走下去。我遇到过各种各样的事、也见到过各种各样的人，这些都使我变得更加坚强。应该感谢他们。

我有很多历经磨难的朋友，他们苦难的生活激励我锐意进取、信心坚定地向前。

我想，在常先生的一生中，肯定有不少难以言状的感受。

常书鸿：当然有很多。如果说最伤心的，莫过于当初我到达敦煌莫高窟千佛洞时看到的情景，洞窟被沙漠淹没，壁画剥落，令人为之叹惋！

池　田：先生当时的心境可以想见。先生正是把这种

"哀惜之清"变成自己的信条，为保护敦煌四处游说，风尘仆仆。

常书鸿：当时对我来说，怎样保护莫高窟是我的主要课题。我曾几度向上级请示，向社会呼吁，希望唤起政府和社会对敦煌保护和研究的重视。

那时，地质专家来玉门进行石油开采的实地调查，我请他们来，向他们请教保护敦煌的意见。而且，我一连几次把敦煌的危险状况、洞窟的裂缝和壁画的剥落情况写成报告，向社会各方面呼救。最后，经周恩来总理批准，进行莫高窟固定工程。"文化大革命"开始之前，这项工程已经完工。

池　田：最艰苦的岁月是在什么时候呢?

常书鸿：前面提到，我前妻的出走对我是个沉重的打击。当时，敦煌的工作刚刚开始，我每天的工作从早晨忙到晚上，根本没注意到妻子的变化，遭受了内外双重打击。前面讲到，当时国民党政府教育部不给经费，而且下令解散敦煌艺术研究所。

历尽重重困难我才从国外回到敦煌石窟，当看到现存的石窟仍在受到自然和人为的破坏时，我下决心不能再让它遭受如此残酷的损害。

当时，我接到了国民党政府解散敦煌艺术研究所的命令，心里非常难过，就四处求援。前妻出走后，留下 13 岁的女儿和 3 岁的幼子。从那时起，我和两个孩子在沙漠上相依为命。我不相信宿命，但是我的心却时时发痛，"为什么我的命运如此悲惨……"。

在悲痛中，尤其夜深人静、一片肃寂，九层楼的风铎传来清脆的铃声。我凝望敦煌石窟，在深蓝的天空下，与满天繁星一起沉入梦乡，便产生了一种幻觉：壁画上的飞天闪着光芒向我飞来，她们悄声向我诉说："你夫人离你而去，但你决不能离我们而去，决不能离敦煌而去！"

那时，我的良心深深地谴责我："书鸿啊，书鸿，你为何回国？你为何来到这荒僻之地？坚强起来！心向不同，夫妻难为，本在情理之中。哪里跌倒，就从哪里爬起来。不论前面有多少困难，踏着坚实的大地继续前行！"

就像刚才向池田先生介绍的那样，我想起张大千先生离开敦煌时留下的话："我回去了，你在这里过无期徒刑吧！"因此，我下定了决心，"是的，我将继续战斗，直到最后"。

池　田：众多的日本读者肯定会为先生的话感动！伟大的事业必须以生命作奉献，否则就不是真正的事业。这是我与世界上第一流的人物见面时得出的结论。

从那以后，您便遇到了现在的夫人李承仙女士，是吗？

常书鸿：对！1945 年，国民党政府下令解散国立敦煌艺术研究所。当时，我去重庆到教育部、文化部要求继续进行敦煌艺术研究所的研究工作。一年多的抗议和再三请求，最后，中央研究院答应了我的请求，自此之后，研究所并入了中央研究院。

这件事落实后，我在四川重新召集研究人员。我们从中央研究院领来一辆卡车和各种器材。正在这时，国立艺术专科学校的一位毕业生来到我的驻地凤凰山，让我看了她自己画的油画人物、静物和花草。她说她想去敦煌。

我让她在笔记本上写下她的名字，她留下了"李承仙"三个字。我问她："你是油画专业的，为何去敦煌？"她回答道："我父亲叫李宏惠，辛亥革命时是孙中山创建的'同盟会'的第 6 位干部，是一位反清革命家。二叔叫李瑞清，曾教过张大千先生。当时父亲对我说：'作为一名中国画家，首先应该去敦煌，研究中国的民族遗产，研究敦煌，然后创立自己的风格'。于是，我下决心去敦煌。"

我问她："敦煌是远离人烟之地，古代只有军队和流放的犯人才去那里，而且生活非常艰苦，你能受得住吗？"

她说："我已决心献身于艺术，因困苦而退却道理不通。"

池　田：原来如此！

常书鸿：可是，那年她父亲病了，她没能前去敦煌。第 2 年，她成为四川省立艺术专科学校的助教。她说一年后去敦煌。当时，我的好友沈福文、学生毕晋吉把我的经历告诉了她。之后，沈君和毕君二人一直观察她的行止，为她去敦煌的意志所打动。他们想不到她竟会和我一样，成为"敦煌痴人"，于是替我谈到我们结婚的事。

1947年9月，李承仙从成都赴兰州，我从敦煌去兰州。在那里结婚后，我们一起回到了敦煌，并一道致力于敦煌艺术的研究直到现在。

池　田：这个故事太美妙了！我想请教一下，先生对于子女的教育有什么信条呢？

常书鸿：在孩子们年幼时我就教给他们，应该成为一个正直诚实的人。我希望他们努力学习，有上进心。不过，这个上进心并非为了名利，而是作为一个有知识的人，应该忠实于自己的良心，为祖国做出贡献。

在教孩子们画画时，我严格要求他们，希望他们练好艺术的基本功。我对他们说："人生决不会一帆风顺。人的前途只有在战斗中才能宽阔。必须知难而上，勇敢前进，不能半途而废。为了实现自己的目标，完成自己的事业，必须付出努力和艰苦的代价。"

池　田：太好了！我也深有同感。那么，常先生，您最快乐、最喜悦的时刻是什么时候？

常书鸿：最快乐的一天是1951年4月，一个星期天的下午，周恩来总理到北京午门楼举办的敦煌文物展览会参观。我向总理汇报了敦煌艺术和有关展览会展出文物事项。周总理在参观的两个小时中的谆谆教导激励我们继续进行敦煌的研究工作。

另一件最喜悦的事情是，通过加固敦煌石窟工程，在非常结实的混凝土走廊上安装了电灯。从此，我们可以安心地在走廊上走进走出了。正是因为这项工程，敦煌在"文化大革命"中没有受到破坏，能够完好地保存下来。如果没有这项工程，真不敢想象现在的敦煌会是什么样子！

池　　田：莫高窟安上电灯，是在 1954 年 10 月 25 日吧？

常书鸿：莫高窟第一次闪出电灯的光芒，是我们自己发的电。我前去看望在洞窟中摹写的同志们。在那里遇到了李承仙，我问她的感想，她说："虽然安上了电灯，可我的眼前却一片模糊。"我仔细一看，她的眼里饱含着泪水。那是多年工作在黑暗的洞窟中人们感激喜悦的泪水。

我特地去了第 17 窟的藏经洞。空空的洞窟中，墙壁上的供养侍女仿佛微笑着向我走来。我心里对她们说："你这历史的见证人，看吧，我们安上了电灯！"

临摹与保护

池　田：永恒性是艺术的灵魂。无论权力有多大，都只能随着时间的推移而灰飞烟灭，只有艺术与时间共放光辉。

埃及的石像和壁画，从创作到现在，已经经过了数千年的历史，仍然闪耀着光辉。

蒙娜·丽莎的神秘微笑，从达·芬奇①创作以来已有500年左右，依旧有着神奇的魅力。天才艺术家们创造的作品具有永恒性。

不过，必须有人懂得艺术至高无上的美学价值，努力保护它们，艺术的生命才会经久不衰。正是由于先生们的努力才使这些无名艺术家精心创造的敦煌艺术免于劫难，没在人们的遗忘中废弃、崩溃。今天，它作为人类的遗产出现在大家面前，使人们得到美的享受。我坚信，先生们致力于壁画保存工作的丰功伟绩一定会像"敦煌"的名字那样，"大放光彩"。

常书鸿：我们长期观察敦煌莫高窟492个洞窟，调查的结果表明，洞窟的损坏全部因为自然或人为缘故所致。

---

① 达·芬奇（Leonardo da Vinci，1452－1519年）：意大利文艺复兴时期美术家、自然科学家。他把科学知识和艺术想象有机地结合起来，使当时绘画的表现水平发展到一个新阶段。代表作有《最后的晚餐》、《蒙娜·丽莎》等。著有《绘画论》等，绘画理论对后来欧洲绘画的发展是影响很大。

我们称壁画剥落、色彩变黑为"壁画病"。莫高窟的壁画是在用泥、草涂过的墙壁上画成的，因此，洞窟的墙壁从岩石上剥落下来，并不足为怪。

我来到敦煌后，首先采取措施防止这种壁画病害，当然，困难是不可避免的。例如，在修复第 194 窟脱落的洞顶画时，洞顶与漏斗直上直下，我们遇到了不少麻烦。我们踩脚的地方一直到天井的顶部。为了加固顶画，用木板和毯子把画压住，不过，剥落的面积非常大，工程还不到一半，木板和毯子掉下来，幸好脚踩的地方还算结实，才没酿成生命事故……

从那以后，物质条件和作业环境逐渐好转，工作能够比较顺利地进行了。在画后的岩石上开洞，用铁丝和钉子固定壁画的修复部分。第 130 窟壁画大面积脱落，但修复工作没有遇到什么麻烦。加固后，我们参考别的部分的纹样、光彩、线条，把脱落的部分重新画上。第 130 窟南画大佛像的头光（头部后面的光）和背上的光也得以很好的修复。这是 1966 年的事。站在洞内被修复的壁画前，我胸中涌出无限难言的喜悦。

这次作业是从 1963 年周恩来总理下令修复石窟到"文化大革命"为止进行的最后一次修复。遗憾的是，"文化大革命"的 10 年动乱中，我向人们诉说修复和保护敦煌壁画的重要性，却被当作大罪状，我受到了痛苦的折磨。

红卫兵批判我是封建主义迷信的后继者，我对敦煌的保护和研究是最大的阴谋，我用敦煌艺术——这种精神鸦片毒害人民。他们声称这比炮弹还危险，甚至说我是元凶。"文化大革命"中，我因这些捏造的罪名不得不每天向人民谢罪。

池　田：是么？

常书鸿：1962 年以来，针对壁画的大面积脱落，我们采取用铆钉和十字板加固的方法，完成了从 131 窟到 136 窟壁画的后部加固工作，这项工程 1966 年竣工。现在我们能够进行的是壁画表面加固作业，这样可以避免遭受损坏。不过，更为完善的修复作业，我们目前还没有那样的技术，这恐怕要靠后人来完成了。

池　田：这可以说是纵横几代人的大事业。你们不仅认真地修复了正在崩落的壁画，还临摹了以前失去的壁画留给后人。人们都知道，临摹需要很强的正确性和严密性，这真是意义深远的作业啊！

常书鸿：中国绘画史上出现过许多著名的画家。比如，您所知道的晋朝的顾恺之、隋朝的展子虔、唐朝的阎立本、吴道子、李思训①等。可是，由于千百年自然和人为的破坏，现在已经无法见到他们的真迹了。

我克服重重困难，终于到达敦煌，亲眼看到那绝妙的壁画时，我发誓要保护这些壁画，研究它，使它为后人所知。自此以后，临摹壁画便成为我们首当其冲的工作。

通过临摹，可以研究中国古代艺术的深层结构。壁画的年代从北凉时代到元代，长达近千年，几乎包含着一部中国美术史。

另一方面，刻有壁画的洞窟面临倒塌的危险。敦煌过去曾受到强地震的影响，洞窟的有些地方已经塌落，同时，壁画也发生了脱落、变形等问题。因此，我们想，如实地临摹也是保存壁画的一个手段。自然，我主张在临摹时必须忠实于壁画原来的精神。

池　田：不仅正确地画下原作的外形，而且忠实地再现原作内部的题材和气质——这就是所谓"临摹"的精神吧！不过，你们最初临摹莫高窟的壁画时所用的画具、颜料和纸笔是怎么来的呢？

---

① 顾恺之（约345－406年）：东晋画家。多才多艺，工诗赋、书法，尤精绘画，有"才绝、画绝、痴绝"之称。多作人物肖像及神仙、佛像、禽兽、山水等。主要作品有《维摩诘像》壁画、《〈女史箴〉图》等。　展子虔：生卒年待考，隋画家。擅长画人物、车马。曾在洛阳、长安、江都等地寺院绘佛教壁画。主要作品有《游春图》等。　阎立本（？－673年）：唐画家。工书法，擅画人物、车马、台阁。主要作品有《步辇图》《历代帝王图》等。　吴道子：（？－792年）：唐画家。擅画佛道人物，也画山水风景。曾在长安、洛阳寺观作佛道宗教壁画300余间，情状各不相同。对后世宗教人物画和雕塑有很大影响。　李思训（651－716年）：唐画家。擅画山水树石。他的画风，为后代画金碧青绿山水者所效法。存世有《江帆楼阁图》等。

常书鸿： 1942年9月，在准备设立国立敦煌艺术研究所之前，我在重庆举办了个人绘画展。用卖画所得的一部分钱用于购买去敦煌的生活用品，一部分买了需要量很大的纸、笔和颜料。

敦煌早期的临摹是用这些原料进行的。后来，我们用完了从重庆带来的全部原料，就使用过去画工们留下的颜料和纸笔。新中国成立后，才最后解决了材料不足的问题。

池　田： 壁画的临摹画使那些没有机会去敦煌的人们也有了解敦煌艺术精华的机会。在我创立的东京富士美术馆举办"中国敦煌展"时，您给我们送来了34件临摹作品。通过这些作品，不少日本人了解到敦煌艺术的绚丽光彩。

与遥远的"敦煌世界"相遇——毫无疑问，它和我们的文化渊源有很大的联系。在佛教这片共同的土壤上，敦煌艺术植根于丝绸之路，它会使看到它的人们超越国界和民族的差异，获得精神上的共鸣。我想，对那些有专业知识的人来说，珍贵的文物和各个时代不同的表现手法与线条也会使他们受益匪浅。

常书鸿： 在临摹时，必须首先考虑时代特色。北魏时代的画拥有着色厚重的特点，而最为发达的唐代，在同一个洞窟中可以看到二种完全不同的画派的作品。例如，第172窟中，同是"西方净土"的题材，南边的壁画与北边的壁画在构思、色彩、线条以及风格上迥然不同。

到五代对期，壁画出现了独特的西北地方特色，至宋代以后逐渐缺少变化，走上了形式主义道路。

池　田：临摹时，在正确地、客观地临摹原作的同时，你们也要把因岁月流逝带来的变色、褪色以及受到破坏的作品复原到原来状态吧？

这些都是有着深远意义的作业。值得庆幸的是，我们终于能够看到客观地按原作尺寸的大小、用原来色彩画成的临摹作品。我听说，按原来尺寸临摹第 285 窟（西魏）壁画时，6 个人花了 2 年时间才完成。这是真的么？

常书鸿：莫高窟碑文中出现的最早年代是秦建元二年（366 年）。壁画中出现的最早的年号是第 285 窟中出现的"大代大魏大统四年"、"大代大魏大统五年"，也就是西历的公元 538 年、539 年。

第 285 窟中的壁画几乎全部保存了下来。1925 年，美国的华尔纳①曾计划将全部壁画剥下带走，但最后失败了。这里的壁画可以称得上是佛教艺术传入中国、吸收本土艺术而形成的代表作。

新中国成立以来，我们临摹作业的条件大为改观。国家给我们买来优质的纸张和颜料。在这些帮助下，我们用了 2 年多的时间，按原来的尺寸、原来的颜色完成了这个

---

① 华尔纳：美国人。1924－1925 年间在敦煌盗去和破坏了大量的珍贵文物。

洞窟全部壁画的临摹工作。

池　田：壁画上记载的"大代大魏大统四年"（公元538年），据上宫圣德法王说是百济的圣明王送佛像和经书到日本来的那年。

此后不久，日本的传统思想和新传来的佛教思想展开了斗争。这个洞窟的壁画是把中国诸神与佛教题材一起画的吧？富于中国神仙思想的神兽凌虚飞翔，手捧莲花的飞天也翩翩起舞，在这里出现了一个中国本土文化与佛教文化融合的世界，十分耐人寻味。

莫高窟的壁画

池　田：我想，莫高窟的壁画每件都是精彩的敦煌艺术的结晶，对先生来说，这也是思慕甚深的作品吧。这里评判优劣或许太困难，不过，先生您以为哪一幅作品是莫高窟壁画中最优秀的作品呢？

常书鸿：我认为北魏时代（386－534年）的第254窟中的《萨埵太子本生图》、《舍身饲虎图》最为精彩。隋代（531－618年）的第420窟中的《法华经变》一幅也很杰出。唐代（618－907年）第220窟的南北壁画上的《西方净土变》和《药师如来》也极为出色。

池　田：北魏时代也正是从印度传来的佛教逐渐生根时期。不过，当时中国道教的势力很强，以道废佛之事时有发生。先生刚才所说的那幅北魏时代的画就是在那个时代背景下，以作为释迦前世的菩萨修行为题材创作的吧？

隋唐时出现了强大的统一国家，"大一统"开始出现。作为外来宗教的印度佛教也开始走出原来的框架，与中国国民性相适应。因此，这时有许多中国人开始追求大乘佛教宏大的世界和理念，追求《法华经》的宇宙观和永恒性。我想这在当时的壁画中也会反映出来。

特别是唐代，以《法华经》为基轴的中国佛教走上了空前未有的鼎盛时代。不过，达到顶点之后中国佛教便走向衰败。这种不安和恐惧从唐代后期开始支配人们的思想，这与当时追求西方净土的净土教和托身祈祷的真言密教有很大的联系，这些"异端"佛教当时很流行。现在，先生所说的壁画，从中国佛教变迁的历史来看，可以说如实地反映了各个时代的不同特色。

请问，最大的壁画在哪个洞窟？是哪一幅壁画？花了多长时间才完成？

常书鸿：最大的壁画是第 61 窟的宋代壁画《五台山图》，高 3.42 米，长 13.45 米。李承仙从 1947 年到 1949 年临摹了这幅壁画。第 61 窟中有 8 米的通道，洞窟中特别暗。早上用镜子反射的太阳光进行临摹作业，下午，太阳光够不到临摹的地方，她一手举着灯，另一只手画画。她用这种方法画了两年才完成这幅壁画的临摹工作。

因为那幅壁画离地 2 米多高，作业时必须搭成棚子或台子。无论夏天还是冬天，她都是在上下棚中作业的，而且还得一只手举着灯。由于壁画的面积特别大，作业更增加了难度。

这幅《五台山图》在宋朝时，如果由一个画工来完成，我想大约需要 10 年功夫。

池　田：噢！

常书鸿：池田先生感到最亲切、最好的是哪幅壁画呢？（笑）

池　田：从感受亲切来说，恐怕还是那幅《法华经变》（用画表现经文中的故事）了。"中国敦煌展"中展出的临摹作品，如取材于经文的比喻品、化城喻品、观世音菩萨普门品等壁画，我都兴致勃勃地拜阅了。

看到画中表现出来的比喻品，如三车火宅、化城等，读后使人感到《法华经》活在民众的心中、跳动在画工们的脉搏里。

我了解的画为数不多，从"中国敦煌展"中看到的作品讲，最喜欢第 23 窟的《雨中耕作图》（唐代）。这幅画是根据《法华经》的药草喻品第五创作的，生动地表现了当时平民的生活情景。

天空中乌云低垂，细雨开始飘落。人们用扁担挑着工具，匆匆走在田间小道上；田里的农夫赶着牛耕地；一对农民夫妇和孩子们一起吃着饭；画的下边有一位农妇在跳舞，6个人演奏着笛子和其它乐器。而孩子们在一旁玩沙子。

画的上部是描写辛劳耕作的场面，下面是收获后的喜悦，细细看去很有情趣。我们可以感到平民百姓与大地同生存的强大生命力和他们生活的悲欢，意味深长。从表现技术、色彩感觉上讲应当说是素朴的作品，但我喜欢这幅画。

在佛法上，雨象征着佛的慈悲。雨从天上降下来，对大地上的万物来说是平等的，用它来表达佛的万物平等，普渡众生的慈悲心，是最为贴切的。

在强调佛的慈悲心的大乘佛教，尤其是《法华经》中，关于雨的记载和比喻也为数不少。

比如，《妙法莲花经》序章第一节中有这么一段，"今佛世尊，欲说大法。雨大法雨，吹大法螺，击大法鼓，演大法义。"（意思是现在佛世尊讲说伟大的法，降下伟大的法雨，吹起伟大的法的法螺贝，打起伟大的法的大鼓，演说伟大的法的涵义"）而且还有这么一句，"佛当雨法雨，充足求道者"。（佛必当降法雨，满足寻求佛道的人们）

还有，《雨中耕作图》取材于药草喻品的"三草二木比喻"，称之为雨的作品也不足为奇。

这个比喻中，大、中、小三种草，大、小两种树各有差异，但同受上天降雨的滋润，全都开花结果。与此相同，无论人的素质和能力有多大差别，国家和民族有什么不同；佛的慈悲平等地倾注到每个生灵的头上。这里宣示了绝对平等的佛陀的慈悲，展示了深远的法理。

常书鸿：我喜欢的壁画是莫高窟第254窟的《萨埵太子本生图》。萨埵太子可怜饥饿的老虎，将自己刺出血来，把身体喂了老虎。老虎吃掉了太子，二个兄弟看到太子的残骸放声大哭，国王、王妃也悲伤地流了泪。他们为太子建了一座塔来埋葬他的尸骨。整个故事的场面在一块四方形的画面上完整地表现了出来。衣服的线条、皱纹落笔有力、流畅。色彩以暗茶色为基调，用青、绿、灰、白等颜色烘托出一种庄严沉寂的气氛。看到这幅画，令人不禁想起画史上记载的大画家顾恺之先生的逸事。顾先生曾对一个寺庙说他要捐10万块钱，可是他很穷，寺庙的住持嘲笑他拿不出那么多的钱。他关上庙门，用了一个月的时间，在那座墙壁上画出了维摩诘画。完成的那天，他打开庙门，那是一幅精妙绝伦的伟大作品！人们为那幅画所倾倒，竞相捐献钱财。不几天便募集了10万块钱。从这则逸闻我们可以了解到北朝绘画技术之高超！

池　田：在莫高窟的壁画中，有不少是描绘这种佛教说法的。这幅《萨埵太子本生图》的构思和布局带有戏剧性，那庄严的氛围给人留下了深刻的印象。

释迦生前通过各种方式把自己的生命献给人类和动物，这类故事作为"迦塔卡"（本生谭——释迦前世的故事）至今仍在流传。这个萨埵太子的故事便是一例。

佛教传说通过简单的故事向人们宣扬佛教重要的思考

方法和理念。其中，萨埵太子的故事对我们这些信仰佛教的人来说，实在是太熟悉了。

"迦塔卡"形成的原因有着深刻的背景：释迦之所以成为伟大的佛陀，因为他多次献出生命，从而达到了觉悟。

因此，"迦塔卡"意图的中心实质在于赞扬释尊的伟大。至于他是否将自己的肉体喂给老虎，或者把他的身体献给动物，这些都不是关键之所在。

从这里我们可以看到，佛教的慈悲不仅局限于人间之爱，也包括对一切生物的爱。应该说，它拥有"生命共同体"的博大和宽容性。

常书鸿：我明白了。除此之外，还有哪些画给先生留下了印象？

池 田：北魏时期第263窟的《供养菩萨》描绘的是释迦初次在鹿野苑说法场面的一部分，它的表现颇为悠然自得。还有曾在"中国敦煌展"中展出的西魏时代（535－556年）第285窟的《使乐飞天》和隋代第27窟的《飞天》。在《法华经》的如来寿星图中，"诸天击天鼓，常作众使乐，雨曼陀罗华"（它的意思是，诸天敲击天鼓，经常演奏大众使乐，降下天界的曼陀罗花），上边刻画出一边演奏各种乐器、一边飞翔的使乐飞天和散花飞天的形象。

这些画面简直太精彩了！西魏的《使乐飞天》中12

种不同姿态的飞天连续画在一超，衣服掀动给人以动感。隋朝第427窟的《飞天》也轻快地跳跃着。西洋画中的天使大都在身体两旁长有翅膀，而这些壁画上，飞天们凭着天衣的羽动而自由自在地飞翔。由此我们可以了解到，在印度佛教传进中国与神仙传说相融合的过程中，画家们显示了丰富的想象力。

初唐第220窟的《维摩经变相》的表现力既丰富又缜密。堂堂帝王的风貌、顺从的大臣们的表情，各有特色，烘托出一派绚烂多彩的气氛。我想那维摩诘的脸、文殊菩萨的表情，生动地透示出维摩诘的思想。

"藏经洞"（第17窟）正面的壁画是几万卷敦煌文书被运进藏起和被带走的历史见证人。这个故事仍旧让人无法忘怀。即使这些另当别论，用确切的表现力画出菩提树、侍女、比丘尼，这也算得上是敦煌壁画中的"白眉"（最优秀者）。我想这个评价大家一定会首肯。

常书鸿：是第17窟的《侍女、比丘尼像》，我们可以看到当时典型的侍女和比丘尼的姿态。画中她们充分反映出当时中国女性文雅安详和温柔顺从的性格。因此，我觉得她们好像历尽世态炎凉、忍受千辛万苦，以近乎冷漠的目光静静地注视着世上的一切。

池　田：敦煌的装饰构图中可以看到莲花纹、团华纹、云气纹、格子纹、卷草纹等独特的纹样。

常书鸿：中国自古就很重视装饰构思和布局，它的发展从未衰退过。敦煌艺术的中心是宗教信仰，它的装饰构思在宗教传进的同时，也广泛吸收了当时中原及国外传来的图案。例如忍冬纹、葡萄纹、连珠纹、宝相纹、莲花云气纹等。敦煌壁画中出现的图案内容十分丰富，包罗了当时中原地区、西域和国外传来的各种画派的风格。

池　田：忍冬纹、石榴纹、连珠纹等大都受到了西域的影响吧?

常书鸿：敦煌莫高窟的壁画中确实有大量的忍冬纹、连珠纹、葡萄纹等图案，其中有些是从西域传来的，有些是画工们师徒相传留下来的。

在最早的洞窟中，我们已经发现了忍冬纹的图案。连珠纹是从隋朝开始出现的。各个洞窟中发现最多的是连花纹图案。

池　田：除了植物花纹外，也可以看到动物的花纹。

常书鸿：莫高窟附近的佛爷庙曾出土了画像砖，这些都是莫高窟建窟以前的作品。其中有虎的纹样。这时虎的纹样与汉代墓碑上虎的特征完全一样。

早期的动物纹样比较抽象，有些浪漫蒂克。后来动物图案逐渐接近原物，神态典雅，生动逼真。我觉得它们已经趋于图样化、典型化了。

池　田：第156窟（晚唐）中，与《张议潮出行图》相对，有一幅《宋国夫人出行图》。我对宋国夫人的姿态印象颇深，在骑马女官和仪仗队的先导下，她骑着马静静前进。

常书鸿：在敦煌壁画中确实可以看到女性骑马的姿态。小说中也出现过不少女英雄沙场征战、杀敌致胜的故事，而且这些故事广泛地流传了下来。如穆桂英、花木兰等传说便最具有代表性。中国称她们为"巾帼英雄"（巾帼是女性的头巾，也是女性的象征，此处指女性英雄）。

池　田：提到骑马的女性，我又想起了《水浒传》中活跃的女杰——一丈青扈三娘的英姿。与梁山泊的军队对抗时，她作为祝家庄的女英雄一跃登场。

她曾手持日月双剑与梁山泊的好汉奋力厮杀。不过，后来她被人称小张飞的蛇矛枪名将林冲俘获。之后她便加入了梁山泊军队。并且做了梁山泊的骑兵队长。

一丈青扈三娘本身也许是虚构的人物，但从梁山泊一百零八将中以她为首的几名女将身上，我们可以想见妇女参加战斗的场面。当时，北国频频骚扰，战乱四起，有不少女性加入男人的队伍参加战斗。

常先生介绍了女英雄花木兰，描写这个故事的作品《木兰词》在日本也广为人知。木兰是个孝顺姑娘，她守着年迈的父母，靠织布来维持家计。有一天，她家里收到了守卫国境的征兵令。但是，家里没有男孩儿，而让老父去残酷的边地无疑是让他送死。

因此，木兰决心女扮男装，自己代父从军。10年后，木兰立功凯旋。她一溜烟儿地回到父母日夜盼望她的家里，脱下布满征尘的战袍，恢复了往日的姑娘打扮。这时，一齐归来的战友们发现木兰原来是位姑娘，不禁都哑然惊异了。

《木兰词》是6世纪北魏时代创作的，曾被搬上京剧舞台，拍成电影。这恐怕是因为木兰生气勃勃的姿态深受人们爱戴之故。除此之外，唐代创业之主李渊的女儿平阳公主，接到父亲起兵的消息后也揭竿而起。她卖掉家财，抛弃安逸的生活，募集了7万军队，也参加了起义的行列。她的队伍在关中威风凛凛，被称为"娘子军"。我访问万里长城时曾在娘子军驻扎过的娘子关参观。在危急关头，男性往往沦为理想主义者，而女性则清醒地面对现实，常常能焕发出超常的力量。

第61窟的壁画上，曹氏家族的女侍者、三位比丘尼像和嫁给于阗①国王的曹议金女儿像，人物竟有49个之多！

常书鸿：五代时期，中原进入战乱状态。作为敦煌的统治者，为了寻求安定，曹氏三代都积极从事东西间的通婚工作，这成为他们统治政策的一环。因此，当时女性发挥了非常巨大的作用。

------

① 于阗：古代西域国之一，在今新疆和田一带。盛产美玉。

当时执行的这种改策只是为了维持曹氏一家的家族统治。曹议金的女儿嫁给于阗国的国王做了皇后，于阗国王又把自己的女儿嫁给了曹议金的儿子。只有这种婚姻关系才使曹氏家族的统治权得以巩固下来。

池　田：第98窟中的壁画生动地描绘了王妃——曹议金女儿的丰富生活，头戴凤冠，胸佩宝石，手持香炉，这种典雅的王妃风姿使人联想到昔日西域的繁荣。

她的国家以盛产玉石而著称于世，她胸前的玉佩大概就是当时她的国家生产的那种玉石吧！

她所下嫁的国家是丝绸之路上最早出现在西域南道的繁荣国家，算得上最大的绿洲国。那时，佛教已经广泛地深入人心。我们深深感到，佛教受到人们的爱戴，活在人们的心间。

刚才我们谈到了飞天，我想听听常先生的看法。

常书鸿：壁画中千佛最多，排在第二位的便是飞天了。飞天在梵语中被称为"乾闼婆"，是佛教诸神之一。5世纪时鸠摩罗什①把《法华经》译成中文，在比喻品中称之为"飞天"。

"尔时四部众。比丘。比丘尼。优婆塞。优婆夷。天。龙。夜叉。乾闼婆。阿修罗。迦楼罗。紧那罗。摩睺罗迦

---

① 鸠摩罗什（kumārajiva，344－413年）：后秦高僧。原籍天竺，生于西域龟兹国（今新疆库车）。翻译了大量的佛教经典，著名的有《妙法莲花经》、《摩诃般若波罗密经》等。对后世佛教的发展影响甚大。

等大众。贝舍利弗。于佛前受。阿耨多罗三藐三菩提记。心大欢喜。踊跃无量。各各脱身。所著上衣。以供养佛，释提桓因。梵天王等。与无数天子。亦以天妙衣。天曼陀罗华。摩诃曼陀罗华等。供养于佛。所散天衣。住虚空中。而自回转。诸天伎乐。百千万种。于虚空中。一时俱作。雨众天华。而作是言"。那时，四部之众生的僧、尼僧，在家的男性信者，在家的女性信者与天、龙、夜叉、乾闼婆、阿罗修、迦楼罗、紧那罗、摩睺罗迦等大众看到舍利弗在佛前接受最高的悟性预言，心里非常欢喜，尽情喜悦地舞动着。他们各自脱掉身上穿的上衣献给佛。释提桓因也就是帝释天、梵天王等，与其他无数的天子一起，把天上的美丽衣服，天上的曼陀罗花和摩诃罗花等献给了佛。这时供奉在佛前的散乱的天衣都在虚空中停下来，在那里自然地翻卷着。众多天神在虚空中同时弹奏起百千万种音乐，降下众多的天之花。因此写下了这样的话。

池　田：常先生刚才提到的"乾闼婆"是守护佛法八种之众之一。同样在《法华经》的法师品中写到，"我时广遣。天龙鬼神。乾闼婆。阿修罗等。听其说法"（我有时派遣天、龙、乾闼婆、阿修罗等，让他们听说法——佛那时广遣天、龙、鬼神、乾闼婆、阿修罗等去听《法华经》说法）。乾闼婆是天界的乐神，不食酒肉，只吃香火，据说与紧那罗一起在帝释天前演奏音乐。

在敦煌，这无数的飞天都是从画家的想象中飘出来的。刚才先生提到比喻品的"所散之天衣，暂停在虚空中自在地翻动。诸天神在虚空中同时演奏诸天的使乐百千万种，降下众之天花而作是言"一文，便与敦煌这些无数的飞天形象重合在一起。

常书鸿：在敦煌壁画中，音乐与太鼓同时演奏，散花开始，佛之说法最严肃的时刻，飞天们用所有的姿态随意飞翔在空中，这些场面随处可见。洞窟的顶部，说法图的上方，楼阁的门上、窗上、柱子上以及佛说法时背后的光圈上到处都有她们的身影。她们的美丽为这些地方做了装饰。真可谓"天衣飞扬，满壁风动"之世界（飞天的衣服翻动，在洞窟中掀起风浪）。

李承仙调查了敦煌的 492 个洞窟，其中有 270 多个洞窟中描有飞天的形象。其中，第 290 窟中竟有 154 个飞天在飞舞。最大的飞天在第 130 窟，如果加上衣服的话它的身长是 2.5 米。但最小的飞天却连 5 厘米都不到。

池　田：因时代不同，他们有时被画成是男性，有时被画成女性，表情和姿态也各具特色。

常书鸿：西魏时代第 285 窟壁画中的飞天眉清目秀，穿的衣服有长长的袖子，拖着长长的带子，而且男性裸体飞天也画在上面。

隋代的飞天柔和飘逸，呈现出非常美丽的姿态。到了唐代，飞天变得丰满圆润，宛如历史书和文学作品中描写的杨贵妃一样，典型唐代美人的姿态。

池　　田：第 130 窟（盛唐）中有一幅《都督夫人太原王氏礼佛图》，上面画着都督夫人、女儿及九名侍女。这几位女性全部都是"眉曲丰颊"的丰满体型，具备了杨贵妃的所有特征。用这种美的意识轻轻地把在天上舞蹈的飞天画得丰富多彩。从这里我们可以了解到不同时代产生的不同美感。

常书鸿：莫高窟的壁画因时代差异而风格各异，这是因为不同的时代造就了不同的历史感觉、艺术风格，以及美的感觉。

池　　田：对我来说，莫高窟的飞天除了画家们想象的各种姿态、各种形状、自由伸展的世界之外，还有一种印象浮现在我的面前，这便是井上靖先生《敦煌诗篇》中描绘的飞天形象。

一位敦煌文物研究所的人在莫高窟疏林里生活了 30 多年，他的话，井上靖先生在书中这样写到："20 年前，我一度梦见过飞天。那是深夜，几百个天女翻动着衣袖向天的一角飞去。到最后一名天女消失为止，轻轻的风铎声和骆驼铃声从遥远的地方传来。"

广阔的沙漠之中，夜色深沉，几百个天女飞翔而去，何等的庄严、宏大！静寂中的风铎和骆驼铃声微微传来，诗一样的感觉在我的心中扩散开来。

法华经的由来

池　田：敦煌发现的经典之中，有关《法华经》的经典曾在"中国敦煌展"中展出过。

这次敦煌展中展出了世界上初次公开的一级文物。

这次展出综合介绍了壁画的临摹画、出土文物和经典，在各个举办的地方受到了好评。我也饶有兴趣地参观了这些展品。我曾向常先生请教，得知敦煌文书中占多数的是佛教经典，其中最多的是《法华经》，这真是件好事情。

常书鸿：池田先生在"中国敦煌展"中对哪件展品有兴趣呢？有什么感想呢？

池　田：在展出的127件作品中选出一件来喜欢实在是很困难的事情。有位学者曾称之为丝绸之路的瑰宝。我好像是进宝山一样，眼睛不知该往何处放了。（笑）

对我来说，能看到30多部《法华经》的写本就已很感激了。

特别是得知常先生自己在敦煌庙中发现的《法华经》是北朝时期的作品，是罗什三藏汉译后不久的写本。

从那以后，我们展出了一部西夏文字的图解本《法华经》。西夏的主要民族是藏系的党项羌族①，西夏文字是于11世纪创造的。一个民族创立自己的文字是件非常了不起的事情。他们把《法华经》译成西夏文字阅读而且信奉它。同时3个从原文译出来的文本中，这个西夏文字的《法华经》是根据鸠摩罗什翻译的《妙法莲华经》译成的。我从此了解到《妙法莲华经》超越民族的界限为人信奉这一史实。

常书鸿：在莫高窟有许多元代时期建造的土塔。土塔的骨骼是中间的柱子。柱子下面台基部分经常埋着许多东西。因此有的受到土匪和军队的破坏，有的已经完全倒塌、崩毁了。

1959年窦占彪在修复塔基时，发现了一个像土块样的包袱。最初以为它是一只土块，但手一摸才知道是一件包袱。打开一看，印着花纹的布中，包有这本西夏文字的木刻图解《法华经》。这在藏经洞内几万经文中都是没有的。这是一件非常重要的发现。

池　田：先生，你认为《法华经》最初传来敦煌是什么时候，由哪里传来的？

常书鸿：《法华经》在隋朝时就已出现。至于起先是从什么时候传来的，到目前为止尚无定论。它的传入途径

---

① 党项羌：古代少数民族。北宋时期建立了以党项羌为主体的西夏政权。

我想恐怕是从天山南、北两路传来的。

池　田：1961年（昭和36年）我初次访问了印度。第2年才就任会长。在那次旅行中，我去了释迦成道的佛陀伽雅①。中国是优秀历史和文化的宝库；印度也称得上精神和哲学的宝库。

佛教从印度的发祥地通过天山，度过沙漠传到中国，然后越过海洋又传到日本。丝绸之路是连接长安和罗马的遥远的通商之路，同时也是一条横穿欧亚大陆，通向日本的伟大的佛教之路和文化之路。这条文化与宗教之路我们称之为"精神的丝绸之路"。它是连接心灵与心灵之间的纽带，是佛法的大道，也是当时印度、中国、日本等亚洲各国几个世纪中精神文化的丰厚土壤。常先生也曾在印度举办过"敦煌艺术展"吧！

常书鸿：1951年我到过印度。

池　田：印度作为佛教发祥地有何反响呢？

常书鸿：当时成为轰动一时的重要事件。尼赫鲁首相（1889－1964年）与其女儿英迪拉·甘地②一起前来参观。并且有大批僧侣前来参观。

---

① 曾陀迦雅（Buddha Gayā）：位于印度比哈尔邦加雅城南。相传是释迦牟尼在菩萨树下成道之处。为印度四大佛教圣迹之一。
② 英迪拉·甘地（Indira Gandhi，1917－1984年）：生于印度北方邦阿拉哈巴德市，曾任印度第四、五和第七届总理。1984年10月遇刺身亡。

僧侣们对那些临摹画和塑像非常尊敬，他们心中怀有深沉的虔诚信仰。

池　田：访问印度13年后，我才第一次访问贵国。那时，我到了西安，这座昔日的长安大都，《法华经》的汉译正是在那里进行的。那次旅行令我感慨万千。

西域龟兹国①人鸠摩罗什从小学习佛法，后来被秦王姚兴②请到长安。在公元401年之后他在姚兴的保护下翻译了众多的经书，尤其像《妙法莲花经》那样成为人类伟大精神遗产的经典之作。

常书鸿：以先生之见，《法华经》与其他的经典有什么主要不同？

池　田：这真是一个很敏感、很重要的问题。关于《法华经》，有必要分清"文上"和"文底"，现在主要讨论敦煌艺术，就让我省掉这些不必要的解释，只就"文上"简单地讲一下。

《法华经》与其他经典比较，根本之处在于它是原本说明释迦自己在菩提树下悟到"宇宙和生命根源之法"的最高经典。

释迦自己达到悟境后，考虑到自己所语的法（真理）

---

① 龟兹国：古代西域城国之一，在今新疆库车县一带。
② 姚兴（366－418年）：后秦国王。他在位期间提倡儒学和佛教，曾邀请西域高僧鸠摩罗什翻译佛经。

太广大太深远，不易为众生所理解，便曾一度断绝尘念，拒绝告诉众生悟还的方法。但是，佛经上有名的梵天多次请求他普渡众生，他才终于改过来，以后展开了长达40余年的说法之旅。他一度断念是因为他所悟解的法难度太大，不能像以前那样对众生讲说，如同"对机说法"那样，针对人们理解能力（机）的差异教给他们与他们的能力和苦恼相适应的方法，来解救他们。

这样释迦一直坚持说法到晚年，他自己明确了以前想阐明的"真理"。为了把救济众生的生活作个总结，为了自己圆寂之后留给人们一些遗产，他把他在那棵菩提树下悟法的方法告诉了人们。这就是《法华经》的内容。

与《法华经》相比，其他经典都是释迦针对个别人的理解能力和苦恼而进行说法的。从《法华经》的"真实"来看，这些只不过是些"方便"的教法，是由一些高低深浅、种类杂多的教法组成的。

例如，有的经典以为，声闻和缘觉不能成佛，女人和恶人不能成佛，主张戒去杂念，奖励那些成为菩萨的人。这样，《法华经》与其他的经典在写作的背景和内容上都有决定性的不同。稍加整理我们可以看到两点。

第一，《法华经》照原本按原样说明了释迦所悟之"法"，而其他经典却只不过是从侧面宣扬了所悟的部分之法。

第二，《法华经》说明宇宙和生命根源之法，也就是说宇宙间一切万物都是生存于这个根源之法。这里，《法华经》主张一切生物的绝对平等，主张所有的人都能成佛。

而其他经典却主张女人、恶人声闻，缘觉的人们不能成佛，而应个别对待。《法华经》这点便可一目了然。

敦煌的光彩

常书鸿、池田大作对谈录

○ 第四章　美与创造的世界

敦煌艺术的特色

常书鸿：池田先生，请问您对敦煌佛教艺术的特色，有什么想法？

池　田：对于这个问题，我的看法也许不太全面。不过，我认为首先应从印度佛教艺术的变迁中来研究敦煌佛教艺术。这是个很有趣的课题。您知道，印度在释迦牟尼去世后很长时间内，人们并没有创造出释迦牟尼的塑像，而是代之以菩提树、散花台座等这类释尊的象征。

这样做的理由有各种各样，我想其中之一可能起因于释尊最初所鼓吹的佛教思想。作为初期佛教思想，很重要的一条便是"诸行无常"之说。所谓的"诸行无常"，就是指人的存在及宇宙、自然界的诸多事物，每时每刻都处在变化之中，即处于一种"无常"的状态之中。

由此可以推论出，尽管释迦牟尼是倍受尊敬的伟大贤者，在他以后的佛教徒们因为考虑到愈是尊敬老师，就愈要忠实于老师的教诲，所以也就没有用具体的雕刻或者绘画等艺术形式来再现释尊的形象。

之所以这样做，是因为虽然称作释尊，但仅就其形象而言也是一种"诸行无常"的存在体。因为形象也是瞬息万变的，不会停止，所以表现哪一个瞬间的释尊形象就成了问题。而且，用一个不变化的释尊形象展示给人们，就会给人一种形象固定化的危险。

常书鸿：对，最初是这样的。

池　田：但是，随着时代的发展，这种想法也随之发生了很大的变化。之所以这样说，是因为释迦牟尼去世几百年后，直接聆听他的教诲，跟随其左右的徒弟们也相继去世。这样，从人们心理的一般动态来讲，对佛陀释尊的思慕之情也越来越强烈；同时，对于佛陀释尊到底是一件什么样的存在的哲学思考也产生了。由此，有人认为佛陀释尊有其永恒性的一面和无常性的一面。确实，作为无常性一面的佛陀释尊的肉体消失了，但是，释尊所悟出的宇宙间森罗万象的真理却是永恒不变的。这样，人们越来越思慕这种永恒性一面的佛陀，并且产生了一种强烈的愿望，那就是用一种什么形式把他表现出来，想创造佛画或者佛像的愿望愈加高涨起来。

与此相关，到了大乘佛教时代，就像"大乘"其名那样，许许多多的俗家大众都皈依佛祖、笃信佛教。这样，为了众生的教化，或者是作为当时人们渴望的归宿，要想唤起人们对"佛"的意识，就有必要用具体的形象来表示佛陀和释尊。在以上各种各样的条件相互作用下，终于迎来了绘释尊像或画造形画的时代。

最初，在我们所信奉的作为大乘教真髓的日莲大圣人的大佛法中，信仰对象的本尊，并非是作为印象或映象结晶的佛画或佛像，而是以文字为本源的。恕我斗胆直言，这是我们所尊奉的日莲大圣人的最高极尊的表现。这一点，和历来佛教的本尊是有着根本性的区别的。但是，因为这里说的是与敦煌佛教艺术有关的话题，所以，以上的议论暂且不提了，让我们回到原话题上去。

首先把释尊肖像造形化的是犍陀罗（现巴基斯坦西北部白沙瓦地区的古名）的贵霜①时代的人们。

他们在希腊文化的影响下，真实地再现了释迦牟尼的形象。佛像最初出现在印度次大陆的时间大约为公元1世纪末或是2世纪初。继犍陀罗的佛像之后，印度马德里创造的佛像，渐渐出现在印度的各个地方，在佛教传入西域、敦煌的过程中，因为反映各自的地域风土、民族特色及文化背景，所以表情、姿势也各不相同。

就敦煌来说，从北凉（397－439年）到元朝（1271－1368年），经过了千余年的营造。而且，正因为以各种各样的文化为背景，所以不同时代的壁画就反映出其不同的特色，这一点是很重要的。

纵向有千余年的岁月，横向有印度、西藏、西域诸国、中原（中国黄河的中游地区）等广袤的空间，从漫长的时间和广阔的空间这一点上，即使从佛教艺术史的角度来看，敦煌艺术也有着非常高的文化价值。敦煌艺术的表现对象，当然是佛、菩萨、佛教经典的内容。这些作品，与捕捉自然风景和人性美的艺术作品相比，可以称作是从

---

① 贵霜：大约公元1世纪上半叶兴起于中亚细亚的古国。创立者为大月氏的贵霜（Kushan）翕侯（部落首领）丘就却。后经不断扩张，成为一个大国。迦腻色迦（约2世纪初）在位时崇尚佛教，远与中国、罗马相通，为全盛时期。

对于直接的永久性的东西的敬畏和祈求中产生出来的艺术。

常书鸿：敦煌的作品，是画工们从自己心灵深处创造出来的。

池　田：在敦煌的美术作品中，可以发现大部分是表现祈求脱离不幸的现实、渴望平静的生活及安乐死去的愿望的。所表现的世界，是一种被虚化的世界，与现实生活相去甚远的东西也不少见。画工们所创造的佛、菩萨艺术，具有威严感，充满慈爱、温和，这种手法占了绝对优势。在净土中，尽他们所有的想象力描绘出了非常豪华、庄严和有气派的作品。敦煌艺术也可以说是从这种想象力中产生出来的、由画工们完成的理想性的存在和场所的表现形式。与此同时，供养者们的形象也有非常逼真的、写实性的刻画。这作为了解当时社会条件下人们的服饰以及生活状况的资料来说，是很有参考价值的。解释经典内容的画卷以及描绘传教场面的绘画中，也在某些方面反映了人们的现实生活。这种用想象与写实、虚化的世界与现实的生活的表现手法，而且二者合而为一、充满着人情味的艺术，我想可以说是敦煌艺术的一大特色。

常书鸿：敦煌艺术是画工们创意性的杰作。在壁画当中，没有完全相同的东西，即便是描写同样经典内容的艺术作品，画家们也根据自己的创造力和想象力创作出了完全不同的作品。拿第 61 窟的《五台山图》来说，既画有磨面的人、登山的人，还画有嬉戏的马儿，随处可以看到画家的独具匠心。敦煌的艺术作品保存到了今天还显得栩栩如生，是因为画家们是用心、用灵魂来创造的。从心灵深处产生出来的创造力，是真实的，不是虚假的。真正的艺术品，即使经历千百年，仍能给人以强烈的感染力，其艺术性会经久不衰。这些作品到了今天仍有影响力，是因为这些作品有着很强的生命力。

池　田： 说得很对。

常书鸿： 历史上，像宫廷艺术作品那样豪华绚丽的作品并不少见，但是，这些作品几乎不能给人多少感染力。在艺术品中，有绝对价值和相对价值之分。根据时代不同，从当时各种各样的利害关系来看，或者根据宣传效果来看，也有许多作品曾被人们当作艺术珍品。然而，真正没有价值的东西，随着时间的流逝，人们的关心也随之淡薄，这些作品渐渐被人们所遗忘。这只不过是一种相对价值。但是另一方面，活着时无名的艺术家的作品，死后才被有识之士发现，经过百年、千年之后，被人们当作珍贵的艺术品，留传后世。这些艺术作品可以说是具备绝对价值。我认为，从心灵深处所产生的任何东西都有其价值；相反，有时只看表面觉得非常漂亮的艺术品，仔细看一下，便会发现是赝品。某一文学家这样说过"向大众献媚的作品并非好作品"，真正的好作品，应该看其内在的东西是有价值还是没有价值的。现代一般人看画，首先看是"谁"的作品，并不考虑作品"给人的感召力和影响力"。弄清是"谁"画的后，就考虑这个人是名人，还是非名人，也就是说画变成了商品。但是古代的艺术，并不是作为商品的艺术，而是为了给人以感召力才创作的。

池　田：刚才，先生谈到艺术作品中绝对价值和相对价值的问题。我想，这里面包含人生和社会生活中所有场合都通用的重要启示。它不依凭于什么，也不是为了当时的利害，而是追求永恒的人们在心灵深处进行的创造性工作。这种工作不局限于艺术，而是广阔的生活。这些工作具有永恒的光辉。

同时，我还想问一个问题。常先生生活在20世纪，发现了古代敦煌艺术的珍贵价值后就致力于这种艺术价值的复兴。不少人都向往这种灵魂与美举价值的邂逅，企图探首于这一崇高的境界，常先生正是徜徉在这种境界里。

这些产生于灵魂深处的艺术，一旦获得英慧之士的超时空"邂逅"，它的生命力便会大放光彩。这种"邂逅"，可能在艺术家生前就幸运地发生，也可能在艺术家谢世之后几个世纪才发生。从这种超时空的灵魂与灵魂的共鸣中，我的确感到了艺术的"妙"和神秘。不管在东方还是西欧，在艺术史上都能发现这种灵魂与灵魂的惊人邂逅。敦煌佛教艺术同先生的邂逅，就是一段非常优美的插曲。不过，创造了美的绝对价值的画家们是从哪里获得这种创造性的源泉呢？

常书鸿：绘画创作的原动力有两种。一种是精神的因素，从信仰出发，通过绘画得到内心的满足。相信佛教的人或许以为赎回罪恶便可成佛；另一种是物质的因素，为了糊口，他们被雇来作画。如果画得好就能得到报酬。

总而言之，敦煌艺术的创作源泉应该说是宗教。大多数画家是信仰者，或者心存信仰。如果心中不相信佛教，绝对创作不出像敦煌壁画这样辉煌的作品。

池　田：曾和我对谈过的法国艺术家曾内·乌依古说过："艺术和宗教是人类对自身的超越。虽然有时我们能够感觉，然而，它们却令人无法预知、无力明晓，不能洞悉其真实形态。对于这一点，艺术和宗教的作用是相同的。"（《黑暗盼望黎明》）这也就是说，宗教和艺术在人类超越自身、超越真实的物质存在时，有着相等的功效。

当时，我对乌依古的这番话这样回答："真正的艺术和宗教在与人类心灵对话时，有一种共通性。在艺术中，我们看到了宗教本来情感的表达。"

敦煌的无名画家们没有得到生活和环境的恩赐，他们之所以能给人留下这些绚烂多彩的佛教艺术作品，正如先生所言，因为在每个画家心中都搏动着强烈的宗教情感。

敦煌的艺术家们生来就具有艺术才华或造形天赋。他们出于对佛的信仰，从心灵深处挖掘创造的源泉，从事创作活动。因此，这些艺术作品能保持永恒的生命力是必然的。另外，回顾一下艺术的历史，艺术作品大都是为了统治者或者富人而作的，为了王公贵族的荣光才创作了大量的雕刻和绘画。另一方面，为教会和伽蓝①服务的宗教艺术也盛行起来。民众生活在权威之下，翻一翻西洋绘画史就会发现，很长一段时间里，作品的主人公都是神仙、王公和特权阶层。

常书鸿：您讲得很对。

池　田：在绘画和雕刻的主题中，宣扬基督教经典的占大多数。即使是世俗生活题材，也都是基于古代希腊神话、罗马英雄故事和寓言而创作的。直到描写16世纪佛兰德斯地区农民生活和风俗的勃鲁盖尔②，描写17世纪法国平民生活的勒南兄弟③出现之后，我们才可以看到以平民生活为题材的艺术作品。17世纪，荷兰的市民文化勃兴，产生了弗美尔④的作品。

　　近代市民革命爆发后，特权阶层被取而代之，艺术也

---

①　伽蓝：梵文Samghārāma的音译。僧伽蓝摩的略称，意译为"公园"或"僧院"。佛教寺院的通称。

②　勃鲁盖尔（Pieter Brueghel，1525 – 1569年）：尼德兰画家。他的画多反映农村生活和社会风俗，画风具有鲜明的尼德兰民间绘画的特征。作品有《收获》、《冬猎》等。

③　勒南兄弟：指安东·勒南（Antoine Le Nein，1588 – 1648年），路易·勒南（Louis Le Nein，1593 – 1648年）和马修·勒南Mathien Le Nein，1607 – 1677年）：法国画家。他们的作品多表现贫苦农民的生活，是17世纪上半叶现实主义派的代表人物。他们经常合作创作，不署名。代表作有《打铁工》、《农家》等。

④　弗美尔（Jan Vermeer Van Delft，1632 – 1675年）：荷兰画家。作品多描写荷兰小城市的资产者悠闲安逸的日常生活；人物与室内陈设结合巧妙，善于用色彩表现空间感、质量和光的效果。作品有《看信的女人》、《倒牛奶的女人》等。

从特权的束缚中解放出来。19 世纪后，像米勒①的《拾穗者》这样描写农民生活的名画问世了。杜米埃②描绘了生活在社会底层的贫苦农民的生活，现实主义画家库尔贝③完成了《碎石工》，浦鲁东④把这幅作品称为"最早的社会主义绘画"，名气很大。

随着社会变革的深入，民众的地位不断提高。在先锋画家的笔下，作品主人公的大众时代渐趋巩固。

从这一变革来考察，敦煌艺术一方面是为统治阶级和富人所作；另一方面，反映那些无名画家自身生活和理想的画面也淋漓尽致地表现了平民生活。我很想了解一下这些作品中引人注目的平民性。

听说，常先生在学生时代也信奉"为艺术而艺术"⑤的信条。看到了敦煌莫高窟的遗产之后，才为这些作品的平民性所感动，自己的艺术观也发生了很大变化。

常书鸿：的确，在学习绘画时，我有过"为艺术而艺术"的想法。那时，法国艺术界也没有重视平民艺术的传统。但是，到了敦煌之后被平民艺术深深地感动了。我想

---

① 米勒（Jean Francois Millet，1814 - 1875 年）：法国画家。他的作品以表现农民生活而著称，代表作有《拾穗》、《晚钟》等。

② 杜米埃（Honoro Daumier，1808 - 1879 年）：法国画家。他的作品多反映下层社会的平民生活，著名作品有《洗衣妇》、《三等车厢》等。

③ 库尔贝（Gustare Courbet，1819 - 1877 年）：法国画家。他的作品多描写贫苦平民的生活，作品有《碎石工》、《筛谷的妇女》等。

④ 蒲鲁东（Pierre Joseph Proudhon，1809 - 1865 年）：法国社会思想家，无政府主义思想的创始人。

⑤ "为艺术而艺术"：它强调艺术的纯粹性，只为自身而存在，而不依附于外部条件。法国作家戈耶蒂首倡此说，法国诗人波德莱尔和英国作家王尔德也坚持这种观点。

到，艺术应该为大众服务。而且我相信，敦煌艺术是平民创作的为平民的艺术。自此之后，我感到艺术创造必须为民众服务。因此，在作品中表现自己的思想和理想，奉献给民众，为民众作出自己的贡献，是一件非常重要的事情。

池　田：您刚才的话力抵千钧。先生的话是经过了实践验证的，我深为钦佩。过去，萨特①曾问到："对于千百万处于饥饿状态的孩子来说，文学到底有什么意义？"这里所提的问题非常尖锐，涉及到包括文学在内的艺术和民众、艺术和现实之间的关系。艺术究竟如何为社会和民众服务，这一问题正好反映了"为人生而艺术"的主张。当然，还有另外一种主张，那就是"为艺术而艺术"，以文学家王尔德②和波德莱尔③为代表的一派都主张"艺术只是为了艺术本身而创作的"。

池　田：这些令人费解的艺术理论可以暂且不论，但是，我们无法忘记艺术的精髓升华于民众的心灵。因此，只有回到"为了什么"这个出发点，它才能表现出更大的

---

① 萨特（Jean‑Paul Startre，1905－1980年）：法国作家、哲学家和批评家，法国存在主义的倡导者。他强调"存在先于本质"，人生的课题是"选择"，而这种选择是"绝对自由"的。他的代表作有《存在与虚无》、《苍蝇》等。

② 王尔德（Oscar Wilder，1856－1900年）：英国作家、诗人。主张"为艺术而艺术"。主要作品有《快乐王子集》、《温德梅尔夫人的扇子》等。

③ 波德莱尔（Charles Baudelaire，1821－1867年）：法国诗人，文艺批评家。他最重要的作品是诗集《恶之花》，充满病态和忧郁色彩。他的作品开象征主义之先河，对现代派艺术影响甚大。他也是"为艺术而艺术"的倡导者。其他著作还有《巴黎的忧郁》、《美学珍玩》等。

价值。从这个意义上讲，我对先生的"艺术必须为民众服务"颇有同感。

我想问一下，先生自己心中民众与艺术相连的中心点是什么呢？

常书鸿：我热爱民众。民众拥有创造力和克服重重困难的力量。对我来说，这个中心点就是通过艺术来表现对民众和艺术的发自内心的炽热感情。

艺术的作用与评价

池　田：接下来我想在这里谈一下艺术作品难以评定的问题。作为杰出的艺术作品，今天为世人所称道，但在它创作之初却不为人们所接受，有时甚至成为人们讥笑的对象。卢佛尔美术宫①中保存的作品有不少便是如此。

印象派②的画家们大都如是。我们甚至看到那些在美术史的舞台上从事先锋艺术的人，却纷纷因不公平的命运而结束了自己的生命。在近代艺术史上，许多生前默默无

---

① 卢佛尔美术宫：在巴黎，馆址是前法皇的卢佛尔宫，1793 年改为国立美术博物馆。收藏有丰富的不同时期、不同地区和国家的艺术品。法国的雕塑和绘画作品比较齐备。第二次世界大战后，印象派绘画集中陈列在新建的印象派画廊中。

② 印象派：19 世纪下半叶在法国兴起的一个画派。这一名称是由 1874 年该派作者举行画展时，批评家对莫奈所作《日出印象》一画加以嘲笑而来。该派发挥光色原理，加强绘画的表现力，对欧洲绘画技法的革新有很大影响。代表画家有莫奈、毕沙罗、西斯莱、雷诺阿等。

闻的人给历史留下了创造性的业绩。装扮古代艺术史的工作也是由那些连名字都没留下的匠人创造完成的。敦煌艺术的画家便是如此。

常书鸿：现在，大多数人在看画时首先看是"谁"画的，而作品"给人的感动、给人的作用"却很少有人问津。明白作者是"谁"之后，接下来看那人是不是名人。也就是说，把画当成了商品。但是古代的艺术却不是商品的艺术。古代的作品是为了给人以感动才创作的。

我认为判断一件作品的关键在于它给人的感动是强还是弱，不能首先判断是"谁"以及哪个画家的名气。当然，这里面有自己喜欢的画家，也有自己不喜欢的。但我想决不能以好恶为判断基础，而是需要一种带有普遍性的价值观。

池　田：刚才先生指出的绘画商品化是件非常重要的事情，这不仅限于绘画。这样的作品忽略了根本的一点，即对于艺术来讲，什么是最重要的问题。

无论我们周围的事物多美，只要自己的眼睛出了云雾，就会什么也看不清。也就是说，自然产生的花、草、树木、动物，自然形成的景色，或者是人们的姿态行为、人类创造的东西，怎样去感觉它、把握它，取决于它在人们心灵上留下的印象。而心灵的变化极其微妙，它是决定一切的不可思议的存在。

为自己认为美丽的景色而苦恼、悲伤时，美丽的事物便不会再出现。大病初愈的人看到周围司空见惯的景色却感到耳目一新，在珍惜生命生存下去这种自觉意识之下，对映入眼帘的风景，会发现平常注意不到的美。相反，自己曾经认为美的东西，却显到那么空虚，那么无聊，毫无价值。

因此，美好感情的发现不仅靠人的感性，也因处境、境遇以及精神状况的不同而因人而异。我认为对于美术作品也可以这样说。艺术家把自己关注的事物、感受的情思、想表达的东西创造成有形的实体。这样创造出来的艺术才反映出创造者的人性、感性、所处的环境和境遇。

最重要的是，在我们的时代，如果没有宏大的精神，要想创造伟大的艺术，想创造养育艺术的丰饶土壤也是不可能的。

先生刚才说到，或许有些作品单纯是为了物质报酬而产生的。在艰难的环境中，他们在墙壁和洞顶上描出画像，创作了雕塑群，留下了巨大的敦煌艺术宝库。这是因为，他们专心致志地工作，已经把永恒的祈求、幸福的憧憬融进了艰苦的创作中。

我认为应当珍惜敦煌艺术。这是因为，在远离文化中心的地方，无数默默无闻的艺术家留下了繁富的作品，其中有不少拥有最初价值的真品。同时，在以战争和政治为中心的历史上，在阳光照不到的沙漠之角，那些无名画家们兢兢业业、辛苦工作，完成了美与文化的创造，对此我深有感触。

自然创造了美的世界，而艺术作品则是人类靠自己的力量创造的美的世界。在丝绸之路上，他们创造了美的空间。她通过作品，对生活在今日世界上的人给予启示。她仿佛用一颗温柔的心告诉我们，让我们珍爱这些从远处传来的美的光彩。

对于艺术作品的评价是这样，其实古今东西，其他领域也是如此。真正的价值不被承认，先驱性的工作经常受到批判中伤，这样的事情层出不穷。我曾把这个历史以《迫害与人生》为题在创价大学讲演过。

仔细看一下那些在历史上留下伟大足迹的人们的生活道路，我希望青年拥有一双洞察事物本质的眼睛。并且，在今后遥远的人生旅途上，坚韧不拔，自强不息，我祝愿它成为他们生活下去的精神食粮。

在这些人物中，我想谈一下中国古代楚国的诗人屈原①。我非常喜欢他说的这一句话："固余心之所善兮，虽九死其犹未悔。"

常书鸿：屈原也是我尊敬的一位诗人。

池　田：屈原因为皇帝听从佞臣的谗言被流放。他留下了一首离忧恨绝诗。"屈心抑志兮，忍尤而攘诟。伏清白以死直兮，固前圣之所厚。"（见屈原《离骚》）在这个

---

① 屈原（约前340－约前278年）：战国楚人，诗人。所作《离骚》、《九章》等篇，陈述他的政治主张，揭露上层贵族的昏庸腐朽，另有《九歌》等篇。他在吸收民间艺术营养的基础上，创造出骚体这一新形式，对后世影响很大。因对当时政治不满，遂投汨罗江而死。

意义上说，司马迁也是令人无法忘怀的人。他为了完成自己的志愿，忍受了世人所有的屈辱生活下去，给后人留下了《史记》这部伟大的作品。

在绘画上我该多向常先生请教。（笑）塞尚①的生平已经谈到过。马蒂斯②宣称："塞尚是我们所有人的导师"。他作为"现代绘画之父"在历史上留下了伟大的足迹。然而，他的一生是在世人的不解、嘲笑甚至侮辱中度过的。在第一次印象派面展中展出的那幅作品曾被讥讽为"错乱涂抹的狂人之画"。

"布依库特尔的肖像"曾被批评为"疯子画的疯画"。但是他依旧顽强地坚持自己的信念，为美术史写下了不朽的一页。

此外，从列宁、甘地③的一生来看，我们不难发现：只有经过苦难，人生才能从黑夜走向黎明，才能从混沌走向秩序。人生只有在苦难中才会放出耀眼的光芒。

我早就听说有许多人在"文化大革命"中经历了各种各样的磨难。我想这些灵魂受到磨炼的人们如果开拓了新的创作之路，必定会给艺术世界带来优秀成果。

常先生正是在苦难中开拓了自己的道路。请问常先生

---

① 塞尚（Pauì Cézanne，1839－1906年）：法国画家，后期印象派的代表人物。毕生追求表现形式，对运用色彩、造型有新的创造，被称为"现代绘画之父"。作品有《果盘》、《玩纸牌者》等。

② 马蒂新（Henri Matisse，1869－1954年）：法国画家，野兽派的代表人物。作品吸收有波斯绘画、东方民间艺术的表现手法，形成"综合的单纯化"画风，曾提出"纯粹绘画"的主张。作品有《白羽毛》、《爱看书的女人》等。

③ 甘地（Mohandas Karamchand Gandhi，1869－1948年）：即"圣雄"甘地，印度民族运动领袖。曾长期领导印度国大党，倡导"非暴力不合作运动"。反对英国殖民统治。1948年被印度教极端分子刺死。

度过这些苦难的原动力是什么？

常书鸿：当时我出国留学，无非是想出人头地、光宗耀祖。到法国后，我的认识逐渐变化，最后发生了从为个人到为民族为国家的意识革命。

在敦煌期间，受到民族意识和佛教的影响，我产生了一种使命感。"敦煌艺术是中国的传统文化，舍命也得保护它。不管有多少困难都必须克服。"这种使命感使我度过了所有的艰难困苦。以后周恩来总理给了我许多保护。

在困难时期，像被称为由国历史上最大灾难的"文化大革命"，是无法用三言两语说清楚的。在这期间，我受到多少迫害，受到怎样的侮辱，我和我的家人又是怎样度过难关的，需要很长时间才能说完。这个问题我就讲到这里吧。

自从在巴黎见到伯希和的《敦煌千佛洞》，我的命运便与敦煌紧紧地联系在一起了。从那以后的半个世纪的时间里，我尝尽了一家离散、横遭迫害的苦酒。

不过，到了人生的最后阶段，我想可以这样说："到目前为止，我的人生选择没有错。"我没有一件让我后悔的事。

只是这半个世纪过得太快了，敦煌研究和保护还有那么多事情需要做！

池田先生曾问过我："如果来生再到人世，你将选择什么职业呢？"我不是佛教徒，不相信"转生"。不过，如果真的再一次托生为人，我将还是"常书鸿"。我要去完成那些尚未做完的工作。

池　　田：太伟大了！常先生，那么请问，中国近代美术史分为哪几个阶段呢？

常书鸿：从清末到现在，中国近代美术史大概可以分为 6 个时期。第一阶段是清朝末期。政府向西洋派遣留学生学习西洋画技术，他们回国后在宫廷内留下了西太后肖像画之类的作品。

第二阶段是 1930 年前后，以徐悲鸿先生为中心的我们这批青年画家留学海外，把西洋的绘画技术带回了中国。这些人大都在 30 年代回到了中国，执教于国立艺术专科学校。我便是其中之一。当时，我教的是西洋画。中国画是以齐白石①先生为中心进行的。我们当时同在一所学校为中国画和西洋画的发展与普及做出了自己的努力。抗日战争时期我在重庆。但我仍然进行美术创作和研究工作。

第三阶段是新中国成立后。当时，美术虽然得到了发展，但在外国美术方面苏联美术较法国美术更受重视。特别是徐悲鸿先生逝世后，这种倾向更加严重。在中国的水墨画方面，除了以继承过去的传统为重点外，几乎看不到什么革新艺术。与中国革命博物馆、历史博物馆、人民大会堂的建设相适应，中国美术界出现了大量的作品。这段

---

① 齐白石（1863－1957 年）：湖南湘潭人，中国现代书画家，曾任中国美术家协会主席。擅作山水、花鸟和人物画，融合传统写意画和民间绘画的表现技法，形成了独特的艺术风格，对现代中国绘画有很大影响。

时间是美术创作的高涨时期。

第四阶段是"文化大革命"期间。这是一个灾难的年代，因为政治原因不得不创造一些特殊的作品。

第五阶段是"文革"后。1978年初以举办法国风景画展时，中国美术界引起了很大的反响。那次展出，我们第一次系统地从古代到现代把法国名画介绍给大家。从那以后，中国美术界又开始注目于西洋的美术。

第六阶段是现在这个开放的时代。世界各地众多的美术资料都被介绍到中国，青年画家们到目前为止还没有学习这些艺术的机会，还缺少这方面的实力。年迈的画家们认为青年画家不能令人满意，但是，青年画家们正努力创造出自己的新风格。与中国的政治、经济一样，中国美术界迎来了自己的变革时期。我期待也相信，他们今后会创作出更优秀、更有深度的作品。

徐悲鸿先生的人格

池　田：我听说常先生曾受到现代中国绘画大师徐悲鸿先生的很大鼓励。

常书鸿：我去敦煌，徐先生赠我"不入虎穴、焉得虎子"一句话。"如果真的想认识敦煌，真的想认识中国古代文明的话，那么除了自己去敦煌，再无别路可走"。他激励我说："像唐玄奘三藏法师那样带着苦行僧的精神，去保护敦煌的民族艺术宝库，去整理它、研究它，坚持到最后！"

另外，我在重庆举办个人画展时，他曾特地给我写了序："油绘之入中国，不佞曾与其劳。而其争盟艺坛，蔚为大观，尤在近七八年来，盖其间英才辈出。在留学国，目灿艺事之衰微；在祖国，则复兴之期待迫切。于是素有抱负，而生怀异秉之士，莫不挺身而起，共襄大业。常书鸿先生亦其中之一，而艺坛之雄也。常先生留学巴黎近十年，师新古典主义大师罗郎史先生，归国之前，曾集合所作，展览于巴黎。吾友干米叶·莫葛蕾先生曾为文张之。莫葛蕾先生，乃今日世界最大文艺批评家，不轻易以一字许人者也。法京国立外国美术馆用是购藏陈列常先生作品，此为国人在国外文化界所得之异数也。常先生工作既勤，作品亦随时随地为人争致，难以集合。兹将有西北之行，故以最新所作，各类油绘人物风景静物之属，凡四十余幅问世，类皆精品。抗战以还，陪都人士，雅增文物之好。常先生此展，必将一新耳目也。

　　　　　　　壬午中秋　元月　悲鸿序。"[1]

我去敦煌时，徐先生赠我一幅《五鸡图》。

池　田：就像"现代中国绘画自徐悲鸿始"所言，他的足迹是那样伟大，他给中国绘画史留下了辉煌的业绩。

─────────

　　① 浪漫派：19世纪初叶，兴起于法国的一个艺术流派。这一画派摆脱了当时学院派和古典主义的羁绊，偏重于发挥艺术家自己的想象和创造，创作题材多取自于现实生活、中世纪传说和文学名著。

由此我们可以了解到他优秀的人格。

真正的一流艺术家，他的人格也闪射着光辉。而且，他们那历经磨练的人格使艺术变得更加深刻。这是我见到许多优秀艺术家后的真切感受。

徐悲鸿先生留给后辈的举止，洋溢着对他们的深切关怀。也正是因为有这样的人，才使常先生绘画的价值、美感和志向在我心镜上清晰地映出。先辈如果都能这样亲切关怀后人的话，未来一定会更丰富、更辉煌。

在东西方绘画的融合上，徐悲鸿先生也做出了巨大贡献。

德拉克洛瓦的艺术

池　田：时至20世纪的最后10年，我想常先生在大半个世纪中与敦煌这座丝绸之路的美的宝库同生存，对艺术肯定会有不少的想法，诸如艺术的过去、现在以至未来，东西方文化的发展交流等，我想听一下常先生的感想。

常书鸿：谢谢。我非常高兴与池田先生谈一谈这方面的问题。

池　田：我读过先生所著的《敦煌的风铎》，了解到从1927年您留学法国开始，10年里曾埋头于希腊、罗马的美术史和美术理论的研究，先生曾为近代美术的杰作和欧洲文艺复兴的研究所折服。特别是您说您深为19世纪浪漫派①的代表画家德拉克洛瓦②所折服。

当时，自然科学正处于觉醒时期，同时新的人生观、价值观也开始探索自己的道路。在艺术界，一些画家主张变革过去一成不变的陈旧观念，那个时代，人们探求如何观察，如何表达，人的个性得到了解放。

常书鸿：我在法国学习的时候，不喜欢法国后期印象派。我喜欢新现实主义。我的老师也是新现实主义派。当时我极其重视描绘静物、人物的现实主义。

我在油画中运用了中国画的线条。中国画的线条是非常精彩的，特别是顾恺之的画，作为线条特征尤为精妙绝伦。他的画色彩也很丰富。

池　田：我见到现代中国著名画家董寿平先生③时，他说："西洋绘画重视光和质感，而东方绘画有运笔，重视线条的倾向。"并且当时，董先生说："200年或300年

---

①　这是1942年徐悲鸿在重庆为常书鸿画展所作的序。参见高一：《长将心力获春华——记著名美术家、学者常书鸿先生》（《经济文化》1990年第1期）。——原版编者注

②　德拉克洛瓦（Eugène Delacroix，1798－1863年）：法国画家。浪漫主义画派的代表人物之一。他的画风特点是构图重气势，色彩绚烂，强调对比关系，重视人物情感和动势的描绘。作品有《希阿岛的屠杀》、《但丁和维吉尔在地狱里》等。

③　董寿平：1904年生，山西洪洞人。中国现代书画家。善诗文、书法，尤长绘画。他的书画作品，笔酣墨饱，浑厚苍劲，别开新貌。精书画、金石鉴赏，对画论、画史亦有精辟见解。

后，人类肯定会回忆起东方的精神。"我深为他的愿望所动心。

常先生年轻时在卢佛尔的美术馆为《希阿岛的屠杀》所感动，塞尚曾称德拉克洛瓦为法国最大的画家。他说："无论静寂的悲剧作品，还是跳跃的喜剧作品，没有人能够像德拉克洛瓦那样使用色彩。我们都是通过他学习绘画的。"

但是，德拉克洛瓦20岁到30岁期间送进沙龙的作品却为画坛所不屑。那幅名画被讥讽为"绘画的自杀"，受到当时画坛的批判。

他用充满丰富感受的热情去看当时的社会事件，描绘出戏剧性的作品，具有鲜明的个性。他的作风与新世界的出现相吻合，由此加深了他作品的魅力。

他有名的《屹立在米索伦基废墟上的希腊》保存在勃拉多美术馆，我们在东京富士美术馆的开馆纪念展"近代法国绘画展"中展出了这幅作品。他的这幅以希腊独立战争为题材的、带有东方情调的作品给人留下了深刻的印象。

他出生在巴黎近郊塞纳河边的一座小镇上。怀着对北方世界的憧憬，他34岁时用了半年多时间游历了西班牙、摩洛哥、阿尔及利亚等国家。这次旅行使他的艺术更加丰富。

在他那厚厚的7册写生画稿近500幅作品中，我们不难看出，与法国风情迥然不同的地中海明亮的阳光和异国风情，在多大程度上刺激了他的创造性，给他留下了多么深刻的影响！

在与异质文化的撞击中，每逢了解一个崭新的世界，他的感性世界都会进一步扩展，创造出独特的艺术风格。

常书鸿：对，德拉克洛瓦受到东方世界的影响，鲁奥①也吸收了东方艺术才形成自己的风格。我相信中国必定会有东西方艺术融合的那一天。我确信中国画坛肯定会出现像东山魁夷先生、加山又造先生②那样本着文化交流进行实证的画家。

池　田：加山又造画师以7世纪中国唐代艺术为界，把日本绘画史划分为7世纪以前的古代，和从7世纪到16进纪室町时代末为止的近代两个部分。

他说："日本文化起源于外来文化。从宏观上来看，无论古代也好，近代也好，日本文化只不过是中国文明圈的一个地方文化而已。"（《现代日本画全集》第17卷，集英社）

在占绝对优势的中国文化影响下，日本的本土文化开始萌生、成长。我深为与贵国的缘份而感慨。

---

① 鲁奥（Rouault, Georges, 1871－1958年）：法国画家、版画家。坚持使用浓重的黑色轮廓线以及点点发亮的蓝、红、绿、黄色，产生近似中世纪彩色玻璃技法的效果。他的画既有野兽派的风格，又有传统特色。代表作有《婴儿基督与东北三博士》等。

② 东山魁夷（1908－1999）：日本画家。善作日本、中国四季变化的自然风光，是国际上比较活跃的画家之一。　加山又造，1927年生，日本画家。现代日本画代表人物之一，长于工笔人物，擅写风景名胜，曾在日本全国艺术大赛中获奖。

不过，法国的路奈·雨果曾说过："西洋美术、印象派及世纪末美术都是在与东方文化的碰撞中改变了原来的风格。"我衷心期待在中国传统文化的丰厚土壤上，东西方的文化交流进一步发展，期待21世纪的艺术更加繁丽多彩。

常书鸿：绘画必须吸收新鲜的东西，不断丰富自己。从敦煌壁画就可以了解这一点。那里既有中国独自的风格，也有外国的影响。有许多是受到外来影响才创造出自己绚丽多姿的文化的，唐代文化便是一例。我想过去日本的绘画也是引进中国艺术之后才形成并发展起来的。

敦煌壁画与鲁奥的艺术

池　田：在敦煌的绘画中，是不是有一些看起来像鲁奥的作品。

常书鸿：在敦煌壁画中，从北魏时期（公元386－534年）的壁画上可以看到这些特征。北魏民族的性格兼有粗犷和细腻二重特征，这种性格在北魏时代的敦煌绘画中得到了很好的反映。

这种性格反映在作品上，有的技法很大胆，有的绘制却非常精致。一开始描的时候很为大胆，但作品完成时却又是那样出奇的纤细。唐代的壁画中找不到这类作品。因此，可以说早期的壁画具有鲁奥绘画的风格。

到了日本，看到鲁奥的美术作品后，我的思想发生了巨大的变化。我从事美术事业以来，受到鲁奥的巨大影响。我认为他的画里有一种新的表现方法，是现代画中一种新的视点和表现点。西洋艺术在我们东方人看来有许多可以学习的东西。我对他的创造性思考有很深的兴趣。

池　田：不言而喻，鲁奥的作品在20世纪前半期的绘画世界上放出独特的光芒。他曾说过："实际上，美的东西总是隐藏着的，到现在为止一直是这样。只有坚韧不拔地去探求它、发现它，至死方休。从事这种事业的人或许总是苦恼，然而同时不也拥有深刻的、静谧的喜悦吗？"［《现代世界美术全集》（八）河出书房］在他的人生历程中描绘出了人间丑恶的姿态及贫民街上穷人的生活，这些作品在一般意义上说是不能称为美的，然而他却赤裸裸地用激烈的笔调画出了贫穷、不安和生存的苦难。

1948年他的作品题材给我留下了深刻印象。当时，他已近80高龄。3年前他的业绩在纽约近代美术馆举办的大型回顾展中得到广泛的赞誉。但是这些作品却使人们高扬的头颅垂了下来。在那幅作品上他曾写道："人对人是狼。"在描绘出人们的丑恶、现实的各种不幸和贫穷的同时，他在深层世界里也着力表现出灵魂的高贵与静谧。

他的画与敦煌壁画的相似，不仅局限在他用粗粗的黑线条描绘轮廓以及他大胆的表现手法，而且在精神世界中通过绘画来探求人性，这也与敦煌壁画有很大的相似性。

第四章　美与创造的世界

131

鲁奥说："我因绘画而感到非常幸福。我热爱绘画，因此，无论我生活在多么黑暗的世界里，我都会把一切忘掉。评论家因为我作品的主题是悲剧而不屑一顾，但是欢喜并不一定没有存在于作品的主题里。"（《现代世界美术全集》）

描绘悲剧主题时，通过表现悲剧人物的苦恼，忘掉自己的苦恼而产生欢喜。他的语言与这些暗黑的洞窟中不顾生活贫苦从事敦煌艺术创造的人大概也会心心相通吧！

鲁奥与这些无名艺术家们，无论在根本精神上有多少差异，但在表现人们的灵魂和因创造而欢喜方面却非常一致。

《人对人是狼》所描绘的现实世界和与此相反的平静的精神世界，它们之间相通的支点在于对永恒和美的探求。

东山魁夷的足迹

池　田：优秀的艺术是人类共同的财富。作为民众之魂的升华，艺术在超越国界的同时，也一定会放出更灿烂的光辉。

在日本的绘画中，正是由于横山大观等人经过长久的苦闷，把西洋绘画的世界观引进日本绘画中来，走出了绘画革新的路子。现在，东山魁夷画师、杉山宁画师的作品本质上属于日本画，但他们却用清新的手法把西洋画的要素应用到自己的作品中，开拓出一个独特的世界。

与此同时，纵观近代绘画史上的"影响关系"，一切都从西洋引进，这在日本未必行得通。对19世纪的法国来说，"日本美术的影响"有许多例子可以证明。例如俵屋宗达、葛饰北斋、歌川广重①等对马奈、莫奈、格罗、德加②等人的影响，细加追究会有十分重要的意义。

从北斋那里受到浮世绘画影响的多戈听说一名日本人进入巴黎国立美术学校学习，大吃一惊，"作为一名日本人够幸运的了，为什么自己跑到塞纳河边的学校听课呢?"

常书鸿: 或许在日本有人认为东山魁夷先生、杉山宁先生的绘画中有很强的西洋画因素。但我们外国人看来，这仍是日本画，仍然飘溢着日本的风味。

池　田: 东山画师最近将他的作品印在我出版的书上(《我的人学》)③，我感到十分荣幸。

说起东方和西洋，东山画师年轻时曾留学柏林。只不过自此之后，从他走的路和创作的作品中却更易于分清东西的界限了。我想，正是因为他一直注视着美的事物，注视着永恒的事物，才最终创造出这些作品。

他的作品中有一种清澈明亮的美。在一片银白色的世

---

① 俵屋宗达、葛饰北斋、歌川广重: 18到19世纪日本著名画家。

② 马奈 (Edouard Manet, 1832–1883年): 法国画家·著名作品有《左拉像》等。　莫奈 (Claude Monet, 1840–1926年): 法国画家。印象画派的创始人·著名作品有《睡莲》等。　格罗 (Antoine Jean Gros, 1771–1835年): 法国画家。著名作品有《埃及之战》等。　德加 (Edgar Degas, 1834–1917年): 法国画家。著名作品有《两个舞女》等。

③ 该书于1990年由北京大学出版社翻译出版。——原书编者注

界里，活灵灵的生命在跳动。甚至他画的冬季枯树，都有一种生命的存在感。在著名的《残照》里，遥遥相连的山峰与山谷重合着，让人感到静寂伟大的生命存在。画师接触西洋艺术后，又重新回到了幽深的东方精神世界。

常书鸿：从这些事情来看，今后中国画坛的发展，西洋画风格与中国画风格的融合完全可能。敦煌艺术便是最好的证明。敦煌艺术是中国传统艺术受外国文化影响后诞生的一种新的艺术。

现在，世界上的文化交流日益广泛。中国青年画家吸收外国的东西，创造出新的艺术，为美术史留下有价值的作品，是完全可能的。

我期待不久的将来，新型中国画会诞生。那或许是敦煌画派的复活。到那时，我40余年来一直期待敦煌画派产生的梦想便成为现实。我就心满意足了。

池　田：先生已经播下了种子，我想它一定会跟随时代成长、壮大起来。

平山郁夫的画业

池　田：先生认为日本画家对您印象最深的是哪位呢？

常书鸿：平山郁夫先生。[①] 1957 年我认识了平山先生。我因出席在东京举办的"敦煌艺术展"到了日本，访问了东京艺术大学。那时，平山先生大概是助教，把他自己的画拿给我看。平山先生非常热心地研究了奈良时代的唐代艺术。唐代艺术与敦煌关系密切。

1979 年，我们在敦煌接待了平山先生和美知子夫人。我的妻子李承仙和两个孩子陪同他们参观了阳关和月牙泉。在与平山先生接触中，他对绘画的认真态度令我深为敬佩。他在仅有的几天时间里参观、临摹，留下了 120 幅写生作品。

1979 年 10 月末，我们访问东京艺术大学时，平山先生特地从镰仓的家中把自己的画带给我看。那时，他宴请了我们。最后上桌的是冰淇淋炸虾。当时，他谈艺术正起劲，却没有留意冰淇淋已经化开了。结果炸虾也没吃成。（笑）

我感到平山先生的画中有一种宗教信仰式的虔敬与真诚，有一种心灵的静谧。我从平山先生那里听到了他在广岛原子弹爆炸后的体验。我想大概他是经历了那次大劫后产生了宗教之心和安宁的精神。

池　田：我也曾见过平山画师，感觉很好。在我的《无法忘记的会见》、《话说敦煌》、《四季雁书》中，平山先生负责封面和插图。平山画师有一种悠远的静谧，例如

---

① 平山郁夫（1930－2009）：日本现代画家。曾任东京艺术大学校长。对佛教艺术史有较精深的研究，是日本艺术界致力于敦煌研究与保护的友人之一。

以"珀塞波利斯的火焰"为题材创作的画中，他把在广岛原子弹爆炸中目击的红莲一样的火焰涂满整个画面。那红红的火焰仿佛要燃烧一切。但是，在那烈火里崩溃的宫殿中，我却看到了一种凝视永恒与人之永生的静寂精神。我听说平山画师当时是中学生，在多愁善感的时代看到如此悲惨的场面，我想这一切对他的作品产生了很深远的影响。

我见到平山先生时，他说："我想抓住一切有根源的东西，我想了解它们。这些只有靠自己去感受才能得到。"他还说，无论宗教还是文化，都来源于"生命的大地"。

从《珀塞波利斯的火焰》这幅作品中可以看到，享尽世界荣华的帝王的宫殿也说不定什么时候会毁掉，而人们的生活、遥远悠久的历史反思、对和平的祈祷和对永恒的憧憬，却活在那些历经时代变迁、坚持生存下去的人们的眼神里。

画师的《敦煌》也具有这种特征，是一幅出色的作品。从鸣沙山到地平线，茫茫的大漠在延伸着。沙漠中，有一片神奇的绿洲。在这里，莫高窟威严耸立。看到这幅画，我感到，生活在悠久的历史与浩茫的大自然中，人是何等的渺小！那里充满了对遥远的历史创造者的悲惜之情。我想画师的这种心情，敦煌那些无名的美的创造者与探求者也会相视而笑吧！

敦煌的光彩

常书鸿、池田大作对谈录

○ 第五章 万代友好的纽带

日本文化的源流

常书鸿：1958 年，因敦煌展览访问日本的时候，日本的考古学家原田淑人先生曾明确指出："敦煌是日本艺术之根。"我想具体了解一下丝绸之路与日本文化的关系。

池　田：日本文化不但在美术、艺术方面，在许多其它领域里都受到中国文化的巨大影响。通过丝绸之路，印度、波斯文化也流入日本。看一下敦煌的文物，便可以感觉到这种文化跟日本文化的密切关系。

平山郁夫先生在其画文集（《从西到东》，日本经济新闻社）中曾指出：在敦煌第 220 窟中发现的三尊菩萨像的模样与法隆寺金堂的 6 号壁画的描法非常近似，因此他认为，这与日本美术的源流不期而合了。

常书鸿：对，是这样。

池　田：看一下从 4 世纪末到 7 世纪的古坟文化的副葬品，便能发现许多可以被认为是从亚洲北方传入的东西。从 7 世纪遣隋使、遣唐使①制度开始建立，日本通过

①　遣隋使、遣唐使：中国隋朝、唐朝时日本派遣至中国的使者，其中有大使、副使、留学生、留学僧及随员等，一次人数往往多至数百人，为促进中日友好交流做出了贡献。

中国，吸收了大量的从丝绸之路传来的文化。

在遣隋使、遣唐使一行中，有木匠和医师，大多数则是留学僧和留学生，他们在洛阳和长安停留，书写了庞大的佛典，然后把它们带回到日本。在众多的佛典中，有像《法华经》那样的大乘经典和论书，若寻找其渊源，便可以发现这些佛典是由丝绸之路传来的，这一点是没有异议的。同时，被称为"丝绸之路终点站"的奈良王仓院中收藏的珍宝、艺术品等全是由中国传来的。其中也不难发现，有些来自伊朗方面。

法隆寺中的《玉虫厨子舍身饲虎图》，也被认为与敦煌莫高窟的第428窟的《萨埵太子本生图》同出一辙。我们的日常生活中，从黄瓜、葡萄等食物到语言、日常的行为举止，也可以找出许多从丝绸之路传来的东西。

因此，在日本有许多人关心丝绸之路。近几年，在NHK电视专集中有关丝绸之路的介绍也逐渐增多，使人们更加感觉到丝绸之路就在自己身边，因此关心敦煌的人也越来越多。

常书鸿：井上靖先生的小说《敦煌》曾被拍成电影，日本的"敦煌热"正在逐渐兴起，我想，这在中日文化交流史上是一件非常精彩的事情，真让人高兴。

我认为，"敦煌热"的出现并非偶然。中日两个民族起先都是在同一文化环境下养育、生长起来的，敦煌成为中日两国人民友谊的联结地。我确信，它会加深我们的友好关系。

池　田：从敦煌的历史文物来看，成为佛教传入必经地的丝绸之路，是古代中外文化交流的纽带，这一点非常清晰。因此，也可以看出日本从其中受到了很大的文化恩惠。

关于日本文化的源流问题，有许多不同的说法。有的人认为日本民族是从南方的"海之道"北上而来的；也有的人说是从亚洲北方经由朝鲜半岛而来的，众说纷纭，莫衷一是。

这里值得一提的是，江上波夫（东京大学名誉教授）有名的"骑马民族征服说"。他认为东北亚系的骑马民族经由朝鲜半岛进入日本而建立了国家。这是一个非常有说服力的提法。

寻求日本文化的源流，如语言、生活、习惯诸方面，其中有许多可以在南方找到根源。也有人认为这是从中国的江南地区和云南地区传来的。但从考古学、语言学的角度来看，有许多来自于朝鲜半岛。

统一国家形成后的日本，以中国作为自己政治文化的模型，引进中国的制度和文化。儒教、书画等对日本文化也产生了巨大的影响，其中汉译后的佛教经典对日本文化的形成所起的作用则更大。佛教艺术成为日本艺术文化的基础的同时，也成为人们精神文化的中柱。许多被称为古代、中世纪日本艺术之宝的作品，便起源于佛教美术。

但是，明治维新以后国家主义抬头，佛教受到了弹压。特别是在对外侵略的军国主义道路上，国家神道拥有着巨大的力量，佛教曾一度消失。

因军国主义权力横暴的弹压，初任会长牧口常三郎被投入监狱，第二任会长户田诚圣也在监狱中度过了 2 年，那是一个极为特殊的时代。

因此，曾经一度在敦煌开出绚烂的花朵，给中国和日本文化带来丰富内容的佛家文化，在军国主义时代像流失在沙漠之中的河流一样在我们的视野中消失了。但是，时至展望 21 世纪的今天，许多西欧学者也着眼于佛教文化的新复兴。

从印度开始发源的佛教文化之河，在向中国、日本流去的时候滋润了时代。它的产生是那样坚实。因此，我看到以佛教为基调的和平与文化运动，在亚洲以及世界的安定和繁荣中做贡献的时代已经到来。

在民众与民众之间架设心的桥梁

常书鸿： 关于创价学会，我有许多问题要请教先生。首先，先生能否就创价学会的方针、目的等，简单地介绍一下呢？

池　田： 一言以蔽之，在给人们介绍生命哲理本源之光——佛教的同时，创造"和平的价值"、"文化的价值"、"人生的价值"。也就是说，是一个以人人生息不断、人人相连的人间革命的步调为基轴，为实现和平而不断进取的运动体。

常书鸿：创价学会是一个佛教团体。那么，与反战和平运动相关联的地方，又有哪些呢？

池　田：先生好像认为佛教本来是给那些烦恼的人们以心灵和肉身的安慰，以此来解救他们的吧，也就是说，您认为佛教在广义上说是"个人主义"的宗教，是吧？

不过，我所认识的真实的佛教，是从慈悲和生命出发的。让人们在成长的路上，不只停留于个人的安逸，而要与他人同甘共苦，并且让自己的行为强化他人的生存力量。不伤害人的尊严与生命，不进行破坏社会和环境的变革。宗教与这样的行为密切相关。

我们信仰的日莲大圣人的佛法中，对于"生命的尊严"等深刻的人生观、生命观都有彻底的说明。其中我介绍一、二个方面。"生命为一身第一珍宝，如能延长一日则胜过千万两黄金"；还有，"被称为生命的东西在一切财富中是第一位的财富，遍满三千界，没有东西能比生命更宝贵，纵观三千大千世界，生命是用钱买不来的。"

在这里可以简单地说，命和生命是宇宙间的无价之宝。那种不能复归的绝对价值存在于人们的身心之中。佛法者的使命，便是从思想深处去建立这种生命的尊严。

并且，为了真正实现这个尊严生命的价值，社会环境的和平和稳定是不可缺少的。这正如佛法上指出的："国破家亡，哪里有逃避之地？如果想一身安全的话，首先祈祷四表的静谧吧。"在这里，欲求"一身的安全"，也就是说如果想追求每个人自身和内心的安定的话，必须首先祈祷"四表的静谧"，也就是首先应为个人周围的环境世界的静谧和平而祈祷，并付之于行动。

出生于印度的佛教开山祖释迦牟尼，他的生命尊严的理念，从他舍弃王位出家成道，严禁杀伤一切众生的行为中就可以看出来。

同时，释尊晚年的一则逸话有力地证明了他思想的本质。

释尊晚年在灵鹫山讲解《法华经》的时候，摩揭陀国王阿阇世①想征伐邻国巴济，阿阇世王派大臣巴撒卡拉为使臣去灵鹫山释尊那里，告诉他关于征伐巴济族的事。

释尊告诉巴撒卡拉，他曾教给巴济族"不致灭亡的七种要法"（实行后不至亡国的七件要事），所以现在巴济族实行了那七种要法，国内繁荣而不致衰亡。释尊还接着对使臣巴撒卡拉说明与繁荣的巴济族打仗的坏处。就这样，好战的阿阇世王便打消了去征伐巴济族的念头。

这个逸话清楚地告诉我们：释尊不仅主张个人内心的救济，而且也教给人们使国家繁荣而不致衰亡的方法。与此同时，他为了和平，而积极进行传播佛教的尝试。另外，释尊去世后，作为同一个摩揭陀国的暴君阿育王②在

---

① 阿阇王（Ajātasatru）：古印度摩揭陀国悉苏那伽王朝国王，约公元前493—462年在位。曾征伐邻国，称雄于北部印度。据传，初反对佛教，后皈依佛门，并在王舍城举行第一次佛典结集。

② 阿育王（Asoka，？—前232年）：印度摩揭陀国孔雀王朝的国王（约前268—前232年）。在位期间曾统一了除半岛南端外的印度全境。他曾信奉佛教，封佛教为国教，颁布许多以佛教治国的敕令，对后世佛教的传播有很大影响。

敌视佛教的时候杀死了十几万人，并且侵略各国，扩大了版图。但是，他即位 10 年后，开始信奉佛教，决心停止侵略别国的行动。

真正称得上和平宪章是阿育王在石刻上的法敕，2200 多年后的今天在印度、巴基斯坦、阿富汗等地被发现。阿育王石刻的流布应称之为佛教和平思想从东向西传播和文化交流的伟大业绩。与其相反，从西向东进行文化交流的马其顿的亚历山大①大远征则是另一种情形。

阿育王和亚历山大两人在古代东西文化交流方面各自起了很大的作用。很有意思的是，他们的手段却是那么的不同。阿育王皈依佛教放弃战争后，把和平的石刻送到各地，致力于和平的交流；而亚历山大则到处宣扬武力，征伐各国，给被征服的国家带来希腊文化，并且由此促进了文化的交流。

暂且将这些搁置一旁。我们创价学会是以贯穿于佛教历史的慈悲思想和生命尊严的理念为基础开展广泛的和平、文化、教育运动的团体。

中国也开展了许多形式的和平运动。诸如为促进向没有核武器、没有战争的地球进军的展览会、收集经历过悲惨战争的人们向往和平的反战出版物，教育以及文化交流等，便是其中的几环。我们认为，现在开展让民众人人都自觉认识到生命尊严的运动尤为必要。

---

① 亚历山大（Aloxander the Great，前 356 – 前 323 年）：古希腊马其顿国王。在位期间建立了横跨欧亚非大陆的亚历山大帝国。

常书鸿：我 7 次访日印象最深的是 1985 年参加崎玉县青年和平文化祭的时候，使我深为感动。但不知那样的青年和平文化祭在日本每年举行几次？同时，它的意义是什么，反响又如何呢？

池　田：我读了常先生当时写的感想（载《圣教新闻》1985 年 10 月 17 日）。先生在那篇文章里把"中国敦煌展"称作是遥远历史的"静之美"，把在"文化祭"中看到的青年的行动称作向未来发展的"动之美"，并且巧妙地对照讲了这两个方面。先生有点过奖，我实在是不好意思。

那次在崎玉县举行的文化祭是在 1985 年全国各地举办的 23 次文化祭中的第 14 次。至于文化祭每年举办几次，因为每年还要举办"核威胁展"、"世界少男少女绘画展"、"世界教科书展"，还有文化性的演讲会、展示会等各种各样的活动，所以次数并不一定。只不过那年正值创价学会创立 55 周年，来自各地的要求较多，需要进行庆贺，所以举办的活动才比较多。

无论如何我们将继续重视青年们的这种新的和平文化运动。在各地，青年和学生们自发地集结在一起，计划、筹备的文化祭中没有主角和配角之分，每个人都是主体者。然而，壮年、妇女、艺术家等会员也给予了有力的支持。我认为，这可以称得上是值得讴歌的"人与和平——文化"的地区性祭典。

我们的文化祭处处都产生于民众，是由民众个人创建建起来的。它以弘扬地区文化和传统、增添新的志向、加深和扩大"地区的发展"、"人的心理沟通"、"和平的意志"为最大目的。对它的反响有多种多样，多数人都认为参加文化祭使人们的眼光都开阔了，而且，人们为自己地区有这样多充满朝气和希望的青年而感到心里踏实。

我希望担任未来重担的青年们在这样的文化运动中用自己的双手在不断的创造过程中，深入地锻炼自己，并且以在那里获得的友谊和感情为动力，在各自的领域内取得人生的胜利。

当然，不同的国家有着许多不同的地方，各有其不同的内容和特色。不仅在日本，在美国、巴西、秘鲁、香港、新加坡、马来西亚、多米尼亚、巴拿马等国家和地区也有不同形式的文化祭。在那里，世界各国的青年们超越人种的不同、肤色的差异，手拉手向着和平这个共同的目标进军，他们的美好身姿，给了我们一个地球家族的缩图和人类一体的感觉。

常书鸿：我很钦佩创价学会推进的和平文化运动，特别是培养青年这方面作出的努力和贡献。这是因为青年是世界未来的主人公，正确引导青年，教给他们正确的人生道路是我们先辈的责任。我认为，池田先生在致力于青年的培养方面的行动是很有远见的。

池　田：谢谢。我将用先生激励和期待的话语作为今后向未来前进的动力。

常书鸿：池田先生在许多方面与中国文化艺术界进行了交流，能谈一下这方面的感想和今后的愿望吗？

　　池　田：我的恩师①经常说："中国将在今后的世界历史上起极其重要的作用。"他曾强调，民众和民众之间的信赖贯穿于深刻的文化交流之中，这对永久的世界和平有着极为重要的意义。因此，我也确信，巩固广泛的民间交流的基础，才是通向世界和平的正确道路。

　　加深民众和民众相互间的友好关系，必须从平等地承认不同的文化出发。我想只有这样，那种作为人的深深的共感才会产生，信赖感才会萌生。特别是对贵国在悠久历史中培养出来的优秀文化。

　　到今天为止，我们在同北京大学、复旦大学、武汉大学开展教育交流的同时，也进行了青年的交流和学者、医生、教育家、妇女的交流活动，以及富士美术馆等处举行的贵国文化财富的展览和民主音乐协会主办的中国戏剧、歌舞团等公演②。

　　促进民众之间的交流，在民众与民众之间架设心的桥梁。我想，如果踏踏实实地去进行这些活动的话，在迎接21世纪的今天，会成为加强日本和中国相互联系的巨大

---

　　① 这里是指创价学会第二任会长，著名的社会活动家户田城圣先生。——原版编者注

　　② 近些年来，池田大作先生与其他日本友人一道，积极从事中日文化艺术的交流活动。为了表彰他推进和发展中国文化艺术的卓越贡献，中华人民共和国文化部于1989年10月授予他"中国艺术贡献奖"。——原版编者注

纽带。

文化交流的推进

池　田：在以敦煌艺术为媒介，促进日中友好关系发展的过程中，我们在日本举办了敦煌艺术展览。在东京和京都，总计有十几万人参观了展览，这真是一件了不起的事情。对于当时的反响，常先生现在回想起来有什么感想呢？

常书鸿：1958 年敦煌艺术在日本首次展出时，中日两国还没有恢复正常的邦交关系。我们是应日本原首相片山哲先生①、日中文化交流协会的中岛健藏会长②、每日新闻社和高岛屋公寓的邀请前去的，敦煌艺术展览在高岛屋公寓和京都的博物馆内举行。东京展览开始是在 1957 年 12 月末，记得当时是圣诞节。

敦煌展的代表团员除我之外，还有《人民中国》日文版总编辑康大川、敦煌文物研究所的李承仙，以及对外文化委员会的崔太山等 4 名团员。

我们于 12 月 21 日到达东京。到达后接到通知，得悉运送展品的船只在来日途中遇到大风，须到 12 月 31 日才

---

① 片山哲（1887－1978 年）：前日本首相。50 年代后曾致力于中日友好运动。
② 中岛健藏（1903－1979 年）：日本评论家。曾任日本日中文化交流协会理事长。

能抵达。

为此，日本方面很是着急。因为公寓方面已将第 8 层的会场空了出来，广告也已贴出，说将在圣诞节开展。如果不按时开展，公寓方面会受到巨大的损失。没有办法，因为这事没法巧合，我们只好将高岛屋八层的展览会场先借给了别人。

作为敦煌展览的会场，这样就于 12 月 31 日下午 8 时才给空了出来。我们为了元旦的首次开展做了必要的准备。

展览品是在 12 月 31 日到达东京的，当时正值正午左右。随后，我们马上投入了准备工作。从开始到结束，只有半天时间，我们必须在 31 日下午 6 时到深夜零时的 6 个小时内全都准备完毕。那真是一件很困难的事情。

但是，尽管准备工作是在紧张的气氛中进行的，大家还是愉快地完成了各项准备工作。当时敦煌艺术展览的准备配置工作的情景，到今天仍然历历在目。

当时我们中日双方的百名工作人员是在李承仙的总指挥下进行作业的。我和李承仙都不懂日语，李承仙预料到这样一个接一个紧密相连的配置作业仅靠一、二位翻译是不够的。因此，她在用色彩将各时代加以区分的同时，用 1/20 的缩图明确了所有展品的安放位置。

在开箱后交递、检查展览品的过程中，她马上具体地将安置的壁画在确定好的挂轴上贴好标签。所以，当时没有一个人闲着，并且没有一点喘息的功夫，各种组合工作都是静静地进行的。我们用了 5 个小时又 40 分钟完成了整个布置任务。也就是说，我们提前20分钟完成了全部展览品的布置准备工作。

我们和日本友人们从高岛屋出来，在静寂的大街上，我们一行10人（我们4人和日方6人）并肩走去，进入一家小店吃除夕的过年糕，当时，正值元旦除夕夜的钟声遥遥传来。

这时，才听到日本友人这样说，他们起初真担心李承仙这样一位30过头的妇女怎样才能在短短的6个小时内制定计划、指挥行动，并完成这种复杂的展览品的安置工作。

接着他们说，中国的妇女真是了不起啊！这里，还有一件令人难以忘怀的事情。当时举办敦敦煌艺术展览会的时候，参观者特别多，所以人们在门前摆起了一字长蛇阵，有时候须等2个小时才能买上票入场。日本友人曾告诉我，敦煌艺术展用的这个会场以前曾举办过美国的摄影展，那时吹口哨、起哄的什么都有，整个会场骚杂万分。可这次敦煌艺术展览会连会场内人们移动时在地板上发出的嚓嚓脚步声都能听到。

并且，有一位年长的老教授来排队看展览，排在前面的一个年青学生把自己的位置让给老教授，请他先入场，而自己却再一次排队，等2个小时去看展览。一位年老的日本友人曾这样说："敦煌艺术展览给我们带来了文明（礼节）"。

池　　田：通过文化财富、艺术品的展出来介绍各国的文化具有很大的意义。我也正是基于良好的文化交流能给人们带来相互理解和信赖，才努力从事这些活动至今天的，并且也创立了美术馆。

其一是静冈县的富士美术馆，它是于 1973 年建成的。1975 年，我们在这里举办过"鲁迅和中国版画展"。我们一共展出了因鲁迅指导的版画运动而产生的木版画和有关鲁迅的各种资料等，合计约 400 件。同年，举办了苏联特烈契雅科夫美术馆、普希金美术馆所藏的名画展览。1983 年举办了"现代中国书画展"，秋天，东京的富士美术馆开馆。

开馆纪念展览时，我们展出了卢佛尔等法国 8 大美术馆所藏的作品，名为"近代法国绘画展"。人们欣赏了库尔贝的《普鲁顿肖像》、格罗的《阿尔柯拉桥上的波拿巴》，德拉克洛瓦、华托、弗拉戈纳尔①等大家的名作。

我想在这里展出的可能有常先生青年时代在法国见到过的值得纪念的作品。1985 年举办了"中国敦煌展"；1987 年正值日中两国邦交正常化和富士美术馆创立 15 周年，作为纪念展我们举办了"中国历代女性像展"，在贵国的中国历史博物馆、故宫博物院的协同下，展出了贵国国宝级的文物。

此外，到今天为止，我们还举办了"光荣的 18 世纪法国名画展"、被公认为是法国革命 200 周年纪念活动的

---

① 华托（Antono Watteau，1684－1721 年）：法国画家。作品有《惜别爱情岛》等。 弗拉戈纳尔（Jean Honore Fragonard，1732－1806 年）：法国画家。画风柔媚，作品有《偷吻》等。

最早形式的"法国革命和浪漫主义展"、"黄金的17世纪法兰西王室绘画展"、泰王国的"普米蓬国王陛下的御影展"、"特别摄影展"、"英国王室礼服展"、意大利的"波罗西亚大学特别重宝展"、"西洋绘画名作展"和"哥伦比亚大黄金展"等。

这只是第一步。与全世界的人们交流是时代的要求。只要我们开辟了这条道路,我想,爱好和平的青年一定会拓宽它、延长它。

常书鸿:广泛的文化交流,通过人与人之间达到心息相通,增进相互理解。正如中日两国战后一样,人们倍尝战争苦酒后,相互宽容,互相理解,超越少数过激的反动势力的妨害,朝着永久和平的方向奋勇前进才是最重要的。

我已是高龄的人,已经不可能有太多贡献了。但是,我想,通过孩子们不断的努力,我坚信地球上建立世界大道的理想一定能实现。

对周总理的回忆

常书鸿:我听说池田先生是周恩来总理生前会见的最后一名日本人。您能谈一下对周总理的印象吗?

池　田:我见到周恩来总理是在1974年12月5日夜,

这是我第2次访问中国的时候，地点是在北京市内的一家医院里。我记得当时是10点左右（夜间）。

周总理不顾病魔缠身，特意到大门口迎接我。他笑容可掬地伸出手来与我握手。他那精悍的、能透射对方心理但又十分慈祥的眼睛给我的印象最深。

我在这以前同美国的基辛格博士①会见时也谈到过这个问题。我首先感到的是他作为"人民的总理"，受到人民的信赖和爱慕的高贵的人品，以及体验过长征和众多磨难后担任国家重任的坚强的人格。与周总理这是第一次见面，10年前曾听别人说，周总理指示中日友好协会的孙平化会长要重视创价学会并与之联系交流。1964年期间通过别人我收到了周总理最初的传话，并且也听到曾致力于日中间改善关系的政治家松村谦三郎、高崎达之助②，作家肖吉和佐子等与周总理也有联系和交往。

实际见面时我发现，他有一双透视历史发展、高瞻远瞩并能洞察别人微妙心理活动的眼睛。我深深地感到他是一位杰出的领导人。这是用天秤称出来的判断。他也是属于既拥有巨大的吸引力，又能细心体察对方的那种人。他爽朗的性格和让人信赖的品质给我留下了难忘的印象。

常书鸿：会见时相互间谈了些什么呢？

---

① 基辛格（Honry Alfred kissinger，1923年-）：美国前国务卿。曾积极推动中美关系正常化。

② 松村谦三（1883-1971年）：曾任日本自由民主党顾问，众议员。曾多次访华。 高崎达之助（1885-1964年）：日本自由民主党人，前众议员、参议员。1962年同廖承志签订发展日中两国民间贸易的备忘录。

敦煌的光彩

池　田：一是周总理希望尽快缔结"中日和平友好条约"。对于这个条约，在同周总理会见前我也一直主张应尽快缔结。当时日中战争之后过了1/4世纪，而在这期间，日中邦交关系却没有确立，不幸的状态继续存在。我想，为了那些与战争没有关系的青年，为了两国的人民，这种不正常的关系必须予以改变。因此，我主张日本应排除一切困难与中国缔结"和平友好条约"。

至于那个条约的名称，主要是出于不再有战争和向往和平，以使两国万代友好的愿望，还有与亚洲和世界的和平、稳定相联系等原因的考虑。我认为，"和平友好条约"最为恰当。于是，在1969年6月的《圣教新闻》上发表了缔结友好条约的主张。

5年后，我得到周总理关于缔结和平友好条约愿望的消息。我真正感觉到，时代会发生很大的变化。同时，我也永远忘不了周总理那句话："我是50年前在樱花盛开的季节从日本回国的。"

我可以警觉到周总理年轻时去日本留学对日本产生的亲切感。我曾对周总理说："樱花开的时候，请您再次访日吧！"周总理曾说："我有这个愿望，但恐怕实现不了。"

可能是他自己已经感觉到了身体的健康状况不允许他实现这个愿望。实际上，会见后1年多，我便听到了他逝世的令人痛心的噩耗。

我为了纪念周总理，在创价大学校园里，让日本学生和中国的留学生一起栽了一棵樱花树。我想把这位曾留学日本的先辈，经历过日中战争，战后为日中邦交正常化费尽心血的事迹告诉给日本的学生们，使它流传百世。这棵树取名"周樱"，每年都会绽出无数美丽的花朵。

周总理曾对我说："20世纪最后的25年对于世界和平是一段非常重要的时刻，让我们站在相互平等的立场上努力吧！"从现在起，还有15年，也就是说通往21世纪还有十几年的时间，我本人，将为生长在新世纪的人们能够享受和平繁荣的生活，能够平等互惠、和平友好地发展下去竭尽全力去奋斗。

常书鸿：我本人也与总理有几次见面。1951年，周总理参观当时在北京举行的"敦煌文物展览会"时说的那些话我将永志不忘。他说："我们无论有多少困难也不要泄气，一定要尽最大的努力去保护敦煌。"他的这句话成了我行动的指南。

池　田：那时先生同周总理的对话，我也是在常先生的著作中读到的。周总理对艺术有很深的理解。他曾强调过保护和研究敦煌宝贵的民族艺术遗产，是吧？他也曾指出"推陈出新"的重要性，并强调"我们一定要将这种古代文化像对待自己的生命一样珍惜它、保护它"。

从他对古代文化的理解，以及在展览会时的讲话中可以发现他深厚的文化修养和在这方面具有的真知灼见。我可以感觉到为人谦虚、在边陲地区勤奋努力的常先生听到这些话后该会受到多么大的激励。我曾记得，在常先生的书中这样写道："我剩下的路就是将总理的教导和期待铭记在心，毕生去致力于敦煌文物的研究和保护"。

常书鸿：1962 年在第三次全国人民代表大会期间发生的一件事让我至今仍记忆犹新。会议途中有 10 分钟的休息时间，我们被总理叫去。总理问我："在大炼钢铁时，敦煌树木被大量砍伐过吧？钟被砸坏过吗？"

我回答说："树木的砍伐没有那么严重。由于县政府的政策好，有价值的古代珍品和刻有年号的钟全部被保存了下来。所以，钟没有遭到破坏。"

总理这时又问："你的孩子们都干得不错吧？"当时，我的女儿常沙娜曾担任人民大会堂宴会大厅的天花板图案的设计工作。1959 年人民大会堂落成之际，周总理曾提议为那些美丽的图案干过杯。

这时，我想总理大概是指沙娜的事情，于是说："沙娜在北京"。总理接着说："我的意思是，敦煌这个宝库的事业不是我们一代人能完成得了的，子子孙孙，世世代代应继承下去，去研究和保护它。"

总理又问起与我同在敦煌工作的同事和后辈的情况。对总理的亲切关心和教导，我真是难以忘怀。由此，我下决心将我的一生以及我的子子孙孙献给敦煌的事业。

池田：这真是件逸闻。从重视敦煌文物这件事来看，就知道周总理是一位有先见之明的领导者。这不仅对中国的敦煌研究者，而且对外国的研究者、专家以及世界上众多关心敦煌的人来说，也是一件很幸运的事。

在与周总理那次会见过去 5 年看，在《人民日报》上登载了王冶秋（国家文物事业管理局局长）的文章。我读后才知道了一件事情。王冶秋曾送给周总理一幅刻有富士山以及清溪的版画，当时正值"四人帮"恶毒攻击周总理的最猖狂时期。过了不久，周总理将那幅版画又还给了王冶秋，并附了一封信。

那封信是用铅笔写的，日期是会见我的那天，上面写了欣赏那幅版画后的赞誉和答谢之辞，并有"将一直挂到现在的这幅版画还给你"的话，还说"现在正值疾病治疗中，病情有所好转，请放心"等。通过这件事，我才得知周总理是在接见我后给王冶秋写的这封信。周总理诚实的人品、充满温暖人性的人洛，真令人感慨万分。周总理逝世的时候我正在京都。周总理留学日本时也去过京都，在岚山还有总理充满激情的一首诗。①

当我听到他逝世的噩耗后，一整天都在为他祈祷冥福。后来得知他得的是癌症。我初次访华时他曾说："下次病情好转后一定再见你一面。"现在想起来，心里不由得阵阵发痛。他那时以坚韧的毅力处理内外复杂问题的精神深深地打动了我。

周总理的一生是为人民的一生。他看到被压迫的民众的苦难便毅然挺身而出，在信念的大道上没有向任何困难

---

① 1919 年 4 月 5 日，留学日本的周恩来在归国途中停留于日本京都。在京都，他写下了《雨中岚山》等三首诗，诗中写道："潇潇雨，雾蒙浓；一线阳光穿云出，愈见姣妍。人间的万象真理，愈求愈模糊；——模糊中偶然见着一点光明，真愈觉姣妍。"——原版编者注

屈服。他作为"人民的总理",不仅为中国人民,而且为亚洲以及世界和平作出了巨大的贡献。常先生曾经这样评价周总理:他的生涯是光明正大的,他为了国家鞠躬尽瘁,他的心比谁的都要清澈。我也听到过许多人这样评价周总理。

周总理逝世2年后,我在北京见到了邓颖超夫人,这时得知夫人将在第2年春樱花盛开的季节访问日本。来日本后,我在迎宾馆内见到了她。1980年我第5次访华时,她邀请我到家中作客。在与邓女士交谈的过程中,我了解到他们二人许多可歌可泣的故事。

她给我谈了他们二人从相识直到总理逝世,特别是对于把总理的遗骨撒到祖国的江河里和土地上这件事。她对我说,我们年青时,两人有个约定,就是为人民奉献我们的一切,死后也是一样。因此,约定不保存遗骨。恩来同志重病期间,要看护人员在两边架着身体,曾反复对我说:"一定要实现我们二人的约定。"世界上有许多所谓是"伟大"的人,但是包括私生活在内有伟大人格的却不多。周总理不仅是卓越的政治家,而且也是一位有洗练教养与礼节的人,一位有清廉高洁人格的人。他与夫人一起,为中国人民贡献了他们的整个生命。

我曾写诗赞颂他:

光阴流转到今天

樱花辉映更如前

寄语友好传万代

年年岁岁樱花烂

人民总理人人敬

人民母亲人民爱

我为友谊常祝祷

心中樱花开不完

与井上靖氏的友谊

池　田：刚才常先生提到井上靖先生的小说《敦煌》拍成电影一事。"文化大革命"后，作为日本人，井上靖第一次访华去敦煌的时候，我也听说过他曾跟先生一起交谈过。当时有没有记忆比较深刻的事情呢？

常书鸿：1979 年 6 月我在孙平化同志（中国日本友好协会会长）的介绍下见到了井上靖先生和芙美女士、清水正夫先生（松山芭蕾舞团团长、日本中国文化交流协会理事长）与夫人松山树子女士（同团副团长）。这是"文革"后，敦煌首次向日本人开放。井上夫妇和清水夫妇认真地参观了敦煌，从敦煌的石窟，到沙漠上的一草一木，他们都抱着浓厚的兴趣。

我作为主人陪同他们参观了玉门关。玉门关离敦煌有80 公里左右，当时没有车道，所以车子一直是在戈壁沙漠上行驶的。车子摇晃得很厉害，后来芙美夫人开了个玩笑："下次来时，头上可得多戴几顶帽子"，为此，大家都笑了。我们在长城脚下漫游，井上夫妇情绪总是特别好，谈笑风生，芙美夫人则对沙漠植物的兴趣很大。

第二次见到井上先生是 1979 年 10 月 4 日的事。我们从兰州出发，沿着古丝绸之路向敦煌进发。车子沿着河西走廊行驶，拍摄沿路取名为"丝绸之路"的电视连续专集。这次，我对井上靖先生的印象特别深。

车子在戈壁沙漠上行走时，井上先生一直在细致地观察周围的大自然景色，有时候停车拍摄。那时，他经常用随身携带的方便巾擦拭脸和头发，并用小梳子将头发梳得整整齐齐。

井上先生经常在小笔记本上记下诗或文章什么的。一次，我们在刮"布隆吉"龙卷风的地方，准备拍摄沙漠特有的龙卷风——"沙龙"。

我们与 NHK 的专题组、中国中央电视台的工作人员饿着肚子在那里等着拍摄龙卷风狂虐的场面。但是，从早上一直等到下午却一点儿风也没有。当时带的食物只有很少量的水果和枯子水，大家的肚子正叫得欢的时候，井上先生却像什么事也没有发生一样沉静地等待着，并在一边写着诗。风终于刮起来了，井上先生跟我一同登上土台的废墟，像古代人一样观看"沙龙"。这时候，在空阔的戈壁沙漠上仿佛有条龙在那里狂舞，龙卷风卷起的沙土扬向天空。

大家都十分高兴，摄影人员迅速用录相设备记录下了这宝贵的场面。井上先生马上把这壮观的景色用诗写到他的笔记本里。现在想起这些事情来，一切犹如昨天刚发生的一样。

池　田：我也同井上先生见过几次面。有关日本传统的美、日中友好方面的问题，他在作品《灰色的狼》中作了详尽的描述。他诚实的人格令人难以忘怀。

并且我们曾持续 1 年交换过书信。那是从我第三次访问贵国后归国时（1975 年 4 月）到第 2 年春天的事。其间发生了周恩来总理逝世的事件。我写过自己的感受，井上先生怀念周恩来总理人格的文章更是令人感铭至深。"在礼节端正、心地善良的世界里一颗巨大的星辰陨落了。"这句话我至今还记忆犹新。

通过这种书信往来，我从井上先生那里学到了许多东西。其中之一是他在看到长江时发出的感慨中表现出来的文学理念。滔滔不绝的波浪流向大海，在那壮观的巨流的岸边，有几个妇女在洗瓮。井上先生看到这种场面后在他的文章里吐露了他当时的心情："作为一名文学的学子，无论何时我都应永远在接触过的地方从事我的事业……我相信永恒、相信人、相信人创造的社会。中国妇女在洗瓮时洗红了她们的双手，我愿在写文章时也写红自己的双手。"

他的这些思绪在其小说《敦煌》等作品中也有流露，在他写的有关敦煌和丝绸之路的纪行文学作品中，我们也同样可以看到这种感情的表现。通过这些文章，我们则更能深刻理解井上靖先生的文学之根源。

祝愿持久的和平友好

池　田：常先生曾几次访问日本？到现在为止，您感受最深的是什么呢？

常书鸿：我访问过日本 7 次。第 1 次是在 1957 年 12 月 31 日到 1958 年 2 月 5 日。那次到过东京、京都、奈良、大阪和名古屋。第二次是从 1979 年 10 月 26 日至 11 月 12 日。我那次到了东京、京都、奈良、大阪和福冈。

第三次是从 1983 年 4 月 10 日到 10 月末。中途因出席全国政治协商会议归国。严格地说则成了第二次访日。那时除去东京、京都、奈良外，还到过北海道的扎幌、根室、纳沙布岬，最后到了东北的青森、仙台和冈山。

第五次是 1985 年 7 月到 10 月，去的是东京和京都。第六次是 1986 年 6 月的事，当时也是到东京、京都。第七次访日同样也是到东京、京都，那是 1988 年 4 月 9 日到 17 日的事。

给我印象最深的城市是京都和奈良，这是两个拥有古代文化的城市。在市内，众多的文化遗迹被保存下来，而它们都与中国文化有着密切的联系。

比如，奈良时代法隆寺的壁画。1957 年访问日本时我发现了 1947 年临摹的法隆寺金堂壁画，我曾听说过这些壁画与中国敦煌的壁画非常相似。在访问京都和奈良期间，得知这些地方的佛教美术遗产与中国艺术密切相连的历史关系，我的印象进一步加深了。致力于敦煌研究四五十年，看到近似敦煌文化艺术的日本古典佛教文化，心里有一种说不出的亲切感。

池　田：先生在日本各城市与各界、各阶层人士进行了广泛的交流，您对日本与中国的友好往来有什么感想和展望呢？

常书鸿：没有人喜欢战争，谁都厌恶战争。特别是我们都希望中日两国世世代代友好下去，在这一点上，我们的想法同池田先生是一致的。并且，为了增进和平友好往来，我们没有只停留在口头上，我们认为为了和平友好必须干一些实实在在的事情。池田先生曾6次访问中国，有什么印象呢？与先生见面的人中间，谁给先生的印象最深刻呢？

池　田：是啊！有许多人给我的印象很深。中日友好协会的廖承志会长是位了不起的人。1974年初次访问贵国的时候，廖承志先生用流畅的日语欢迎我们。每次访问贵国时，现任中日友好协会的孙平化会长都给予我们不少照顾。6次访问中，我先后到过北京、上海、西安、广州、武汉、南京、郑州、苏州、无锡、桂林等地。

对于各地的印象，我在不同的场合都提到过。总的说来，中国是一个充满无限希望的国家。虽然社会制度、民

敦煌的光彩

164

族性、风俗习惯不尽相同，但是，人与人之间有一种共同闪光的东西。

中国和日本在各自不同的条件下建造了固有的社会，表面上表现出来的只是一部分。只有走到民众中间、每个人中间，理解和信赖感才会产生。也只有这样，心与心之间的纽带才能联结。

会见过的人有周总理、邓小平副总理（当时）、李先念副总理（当时）、胡耀邦总书记（当时）、华国锋主席（当时）、王震国家副主席（当时）和邓颖超女士等国家领导人。

廖承志（前会长）、孙平化（现会长）以及中日友好协会的所有工作人员都给我留下了美好的回忆。而且，我与北京大学、复旦大学、武汉大学的老师们进行了长期的合作和交流。当然，在文学艺术界也有许多亲密的、令人尊敬的朋友

在中国，我广泛地参观了农村、工厂、学校、少年宫等生活场所。在那里尽管有不知姓名的过路人，他们之中也有许多人给我留下了难忘的印象。

在这么多的人中间，要问谁的印象最深的话，我不好回答。因为我见到的每个人都非常重要。（笑）

不过，我把这些会见中得到的共鸣，学到的东西和作为一个日本人必须知道的事情，在许多场合下写成文章或说给别人。通过这些，如果能进一步加深对中国的了解，增进相互间的关系，那就满足了我最大的心愿。

常书鸿：听说池田先生是日本最早主张恢复中日邦交的人，不知道先生为什么对中国抱有这样深厚的感情呢？

池　田：直接的动机是少年时代的事。恩师对我讲过的话我已说过。当时，亚洲战火不绝、悲惨不幸的历史反反复复。展望未来，亚洲这个占世界人口半数的地区，它的繁荣与稳定对世界和平无疑是重要的。

我认为拥有10亿多人口的中国在亚洲和世界和平、稳定方面起着决定性作用。而且就中日的历史关系而言，日本也一直是受中国文明影响的。

中国和日本在文化方面（比任何其他国家）是一对有着深远关系的兄弟国家。从这种历史关系、民族性和文化的相似性来说，我认为中日发展友好关系是自然的潮流。不能只顾眼前，必须注目于长久的未来。

因此，1968年9月8日，在第11届创价学会学生部总会上，我给大约2万名青年谈了日中两国邦交正常化和友好和平的愿望。当时正是基于二、三十年前的世界局势而谈的。

现在，那时的学生已到了壮年，其中不少人为中日世代友好添砖加瓦，活跃在第一线上。对此我甚为欣慰。

漫长的战争结束那年我才17岁。我也体验过东京大空袭的滋味儿。长兄便是被战争夺去生命的。以后，我便在混乱的战后困难岁月里奋斗抗争。

我曾受过军国主义的教育，但战争的实际场面接踵而至。因为日本军国主义的侵略，中国和当时朝鲜半岛的民众遭受了多少苦难啊!

广岛、长崎的原子弹爆炸是非常悲哀、残酷的现实,这些在战后更是明显。我从 1965 年元旦开始在报纸上发表连载小说《人间革命》。开头第一节是 1964 年在冲绳写的。

冲绳在那次战争中,犹如"铁的风暴"所描述的那样,炮弹纷纷坠落,不少人因此丧生。

在第一节的开头我这样写到:"没有什么比战争更残酷,没有什么比战争更悲惨。然而,战争还在继续,被愚蠢的领导者挟持而进的国民是多么可怜啊!"

这是我体验战争后痛切的表白。

因此,再也不能让年青一代去体验这种残酷的战争了!这种念头在我心中变得益加强烈!

1968 年我的主张是在越南战争陷入不可自拔之境时写成的。我认为与中国的邦交正常化是亚洲和平最基本的前提。特别是不能给那些与战争没有任何关系的青年一代留下战争的创伤。为了今后的青年们,为了 21 世纪,无论如何也要拓宽这条通往和平友好的大道。

我曾对他们说:"不久诸君将成为社会的中坚力量。日本的青年也好,中国的青年也好,一定要手拉手,为建设灿烂的社会而奋斗。"

从日本、中国的友好出发,亚洲所有国家的人们走向互相帮助、互相保护的时候,今天笼罩在亚洲的战争和贫困的阴云才会被冲散,希望和幸福的光芒才会照亮整个时代。"第 2 年,我在小说《人间革命》中提出,为在两国之间缔结"日中友好和平条约"应排除万难向前进。

在众多希望日中友好的两国人士共同努力下，1978 年这个条约终于在北京签订。10 月份，贵国以邓小平副总理为首的代表国来到日本。已故的廖承志先生当时也一起出访日本。接着，10 月 23 日该条约宣布生效。

从那天起，已经十几年过去了。在这期间，日中之间也产生了一些问题。然而交流也得到了发展。

在该条约生效 10 周年之际，我们接待了以中日友好协会会长孙平化先生为首的代表团。孙先生为日中友好做出了巨大贡献。

在欢迎会上，我说，在扩大交流的过程中出现过一些不健康的东西，出现了一些新问题，这或许是不可避免的。但是，世界和平的曙光已经来临，特别是扩大和平交流，反映了人们的愿望和心声。

作为这个条约提议人之一，我愿同中国希望和平的各位朋友进一步扩大信义和友谊的交流。同时，我将尽自己的努力，为日中友好缔结更牢固的纽带。衷心祝愿通向和平的小溪在前进的途中变作宽阔的长江大河！

附　录

常书鸿先生大事年表

1904 年

4 月 6 日（光绪三十年，农历二月二十一日午时）出生于浙江省杭县（今杭州市）新市场浣沙西二弄 2—4 号。

兄弟共五人，排行二。祖籍热河头田佐镶黄旗，姓伊尔根觉罗，高祖名克克色布，曾祖名客欠德晕，祖父名少峰，清时驻防浙江杭县世袭云骑尉，父亲常庚吉，母亲梁氏，满族人。

1911 年

随三叔学画、填色。

1912 年

春，入杭县梅青书院（私塾）读书。

1914 年

入杭县时敏小学（新式学校）三年级，插班读小学。

1915 年

时敏小学四年级，开始学画国画，并试用炭粉学画人像。

1916 年

入杭州惠兰高等小学五年级班读书，用木炭画人像，以收入补贴家用。

1917 年

惠兰高等小学六年级，继续学画。

1918 年

考入浙江省立甲种工业学校预科，学习染织专业。

1919 年

省立甲种工业学校预科结业，转入染织专业学习。

1920 年

继续就读于染织专业，并与同班同学沈西苓一起学画。

1923 年

甲种工业学校染织科毕业，以优异成绩而留校任教。甲种工业学校改名为省立工业专科学校。

1924 年

继续任省立工业专科学校预科教员、彩纹工场管理员。

暑期到上海美术专科学校学习。

1925 年

任省立工业专科学校美术教员。在杭州农业大学兼课，教美术。暑期仍到上海美专学习。参加杭州中等学校美术教员西湖画会。与陈芝秀结婚。

1926 年

浙江省立工业专科学校改为浙江大学工业学院，任本科美术教员。当选为教职员工会委员。

1927 年

参加教育部浙籍公费赴法留学生选拔考试。久未发榜，以为无望，在工业学院李熙谋院长支持下，带职自费于 6 月赴法留学。6 月 16 日从上海乘法国 D'Artagnan 邮轮赴巴黎。

8 月底，到达法国马赛，后转赴巴黎。

9 月，参观巴黎各博物馆，在巴黎庞薰琹画室画模特。生活困难，在饭馆打工。

10 月，收到法国里昂中法大学公费入学的通知书，即赴里昂报到入学。

11 月，考入国立里昂美术专科学校预科学习。

1928 年

10 月，预科学习一年后，以优异成绩提前升入专科，学习油画。油画班主任为窦古特先生。每天上午学习油画；下午学习染织图案，晚上在夜校学习纺织机械。陈芝秀赴法国。

作油画《沙伏的风景》、《里昂圣蒂雷街》等。彩色铅笔画《木工》获康德铅笔公司速写绘画奖第一名。

1929 年

作油画《暴风雨之前》、《里昂裴鲁奇风景》等。1930 年作油画《某夫人像》等。

1931 年

作油画《里昂公园风景》等。女儿沙娜出生。

1932 年

国立里昂美术专科学校油画系及纺织图案系毕业。

作油画静物《鱼》、《菜花》、《蚕豆》、《捷弗雷夫人像》。油画《G 夫人像》作为毕业作品获全校毕业生作品第一名。

8 月，参加里昂市保送巴黎学习公费考试，以《浴后梳妆》获第一名录取。进入巴黎高等美术学院，在新古典主义大师、法兰西学院院士劳朗斯画室学习。油画《怀乡曲》参加里昂 1932 年春季沙龙，获荣誉奖。

1933 年

作油画《野兔》、《湖畔》、《鸡》、《人体》、《鱼虾》、《家庭画像》等。《湖畔》参加里昂 1933 年春季沙龙，获银质奖。组织中国留法艺术家学会，为召集人，居室为活动地点。

1934 年

作油画《吴夫人像》、《神父》、《浴女》、《人体习作》、《两兄妹》、《苏联姑娘》、《静物》、《巴黎菜市》、《巴黎卢佛公园》、《同学》等。《顾维钧大使像》、《特弗利夫人像》参加巴黎 1934 年春季沙龙。《病妇》参加里昂 1934 春季沙龙，获金质奖，由法国国家收藏。《画家家庭》参加巴黎 1934 年春季沙龙，获银质奖。《鸡》、《织毛衣》参加巴黎秋季沙龙。

写作和发表《绘画的实质问题》、《现代绘画的题材问题》、《法国沙龙简史》、《法国近代装饰艺术概论》、《论中国新艺术运动过去的错误与今后的发展》等文，刊于中国《艺风》杂志 2 卷 8 期和 3 卷 5 期。

1935 年

继续在劳朗斯画室学习。作油画《塞纳河畔》、《卢森堡公园》、《沙娜像》、《春眠》、《紫葡萄》、《火腿》、《倚坐裸妇》、《乳酪》、《裸妇》等。《沙娜像》由法国国家博物馆收藏，现藏巴黎蓬皮杜艺术中心。静物《紫葡萄》获法国巴黎高等美术学校法兰西学院院士劳朗斯画室第一名。《G 夫人像》、静物《鱼》参加巴黎 1935 年春季沙龙，《裸妇》参加里昂 1935 年春季沙龙，获金质奖，由国立里昂美术馆收藏。巴黎举行个人油画展，展品 50 余幅。

春，当选为巴黎美术家协会会员，参加法国巴黎肖像画协会。教育部郭有守参事和浙江大学工学院院长李熙谋来巴黎考察教育，邀常书鸿回国。常因生活安定、学习环境优越而暂不想回国。

冬，与曾竹韶、张贤范、马霁玉、陈依范、陈士文、陈芝秀一起去英国伦敦参观正在举办的中国古代艺术展，并参观了大英博物馆、蜡像馆等。

年底，在巴黎塞纳河畔旧书摊上发现伯希和编著的《敦煌图录》，并参观集美博物馆收藏的敦煌彩色绢画，开始关注敦煌。

著文《法兰西艺术》、《意大利未来派中的天才画家》，刊于《艺风》。

1936 年

春，作油画《姐妹俩》，参加巴黎 1936 年春季沙龙，获金质奖，并被选送参加国际博览会，获荣誉奖。

接教育部部长王世杰去电邀常书鸿回国任国立北平艺术专科学校教授。9 月，乘巴黎至北平的国际列车经比利时、德国、波兰、苏联回国。任教育部部聘教授、国立北平艺专造型艺术部主任，为西画系三年级董希文、秦岭云等 20 多名学生授课。

作油画《街头幼女》、《任重致远》、《金瓜葡萄》等。

1937 年

参加第二届全国美展筹委会，与刘海粟二人任全国美展评审委员。油画《裸妇》、静物《乳酪》参加第二届全国美展，《裸妇》获第一名。

参展期间，回杭州老家，祖母健在，父母已亡故，为父母修墓。

"七·七"卢沟桥事变后，于 7 月 14 日离开北平前往南京，后回到杭州。

9 月，接北平艺专校长赵太侔之电，去武汉筹备国立艺专在后方复课事宜。

经过短期筹备，10 月赴江西庐山牯岭复课。

11 月又迁校于湖南沅陵老鸦溪，并复课。国立杭州艺专在 11 月间也迁来沅陵。

冬，在沅陵作油画《沅陵雪景》、《野渡船家》等。

1938 年

初，北平艺专和杭州艺专两校合并，成立了由杭州艺专校长林风眠、北平艺专校长赵太侔和常书鸿 3 人组成的校务委员会。

秋，改善生活条件、改善教学条件的建议引发学潮，林风眠离校。

冬，教育部宣布撤销校务委员会，任命藤固为校长，常书鸿任造型艺术系、西画系主任。12 月决定迁校云南。

在迁校工作中，校长有病，常书鸿奉命代理校长职务，负责迁校工作。

作油画《寒江》、《蒲公英》、《野花》、《日寇暴行录》等。

1939 年

2 月，国立艺专从湖南沅陵迁往云南昆明，途经贵阳，2 月 4 日遭日寇飞机轰炸。陈芝秀和沙娜幸存，常书鸿的所有财产被炸。至昆明后，筹备复课。

夏，去河内购买画具。

秋，借用昆明市昆华小学校临时上课，后在云南晋宁县安江村正式上课。

作油画《沙娜像》、《梳妆》、《夏收》、《静物》和静物《平地一声雷》等。

1940 年

作油画《仙人掌》、《家庭画像》、《茶花》、《妇女像》等。

在昆明举办常书鸿个人油画展，展出作品 40 幅。

秋，国立艺专发生第二次学潮，学校解聘部分教授，常书鸿离开国立艺专去重庆。

年底，教育部成立美术教育委员会，常书鸿任常委，兼秘书。

1941 年

作油画《大地》、《重庆凤凰山雪后》、《重庆凤凰山即景》、《艺人之家》、《肖像》、《是谁炸毁了我们的家》、《壮丁行》、《前线归来》、《雪后重庆》、《湖北大捷》，静物《荔枝》、《李子》、《芍药》以及《人体》等。

夏，应四川省教育厅厅长郭有守邀请赴四川青城山等地写生、作画，并在成都举办个人画展，36 幅作品展出后全部售出。在重庆文化会堂画孙中山等像。

1942 年

作油画《四川农民》、《钢盔》及《孙中山》、《孙科》、《孙科夫人》油画肖像。在重庆举行个人油画展，展出 50 余件。

9 月，国立敦煌艺术研究所筹备委员会成立，任筹委会副主任委员。离开重庆乘飞机到达甘肃兰州，进一步开展筹备工作。

1943 年

2 月，在兰州参加筹委会会议后，乘卡车离兰州经河西走廊至安西，换乘骆驼于 3 月 24 日到达敦煌莫高窟。

敦煌莫高窟收归国有，选定中寺（皇庆寺）为筹委会会址。决定着手初步调查石窟、石窟全境测绘、石窟内部清理、石窟内遗物古迹集纳。

夏，由敦煌返重庆汇报工作，接陈芝秀、沙娜、嘉陵到敦煌。

1944 年

元旦，国立敦煌艺术研究所成立，任研究所所长。规划莫高窟的保护工作，清除洞窟积沙，修筑保护围墙，绘制莫高窟全景图，考察洞窟逐窟作内容记录，开始临摹壁画：第 257 窟鹿王本生，第 285 窟作战图、供养人，第 249 窟供养人、狩猎图、动物等。

作油画《莫高窟下寺外滑冰》、《葡萄》、《小鸟》、《野鸡》、《咯哒鸡》、《古瓜州之瓜》等。

与董希文一起去南疆公路建设工地写生近一个月。

1945 年

莫高窟内容的编写工作，调查洞窟，并逐窟制定洞窟内容表。

临摹壁画：第 156 窟张议潮、宋国夫人出行图，第 428 窟萨睡那本生、须达拿本生、四飞天，第 254 窟萨睡那本生等。

作油画《雪后莫高窟风景》、《姐弟俩》、《抗日战争胜利日》、《牧场》、《鹅》、《南疆公路》等。

4 月，妻子陈芝秀出走，离开敦煌后，在兰州登报离婚。

7 月，教育部撤销敦煌研究所。后由中央研究院接管，国立敦煌艺术研究所归属中央研究院。

年底，率子女去重庆，落实经费、人员等事。

1946 年

在重庆招聘敦煌工作人员，置办了卡车、器材等。5 月离开重庆，8 月中秋节到达敦煌。

草拟"边疆文化学院"办学方案，交于右任先生。

继续洞窟调查、逐窟制定洞窟内容表。临摹壁画：第 205 窟、第 112 窟经变。

1947 年

9 月，常到兰州。李承仙从重庆赴敦煌经兰州，常与李承仙结婚。10 月底同返敦煌。

11 月，带领李承仙、段文杰、肖克俭对莫高窟洞窟重新编号（即现今所用的编号）。

12 月，与李承仙、常沙娜赴阿克塞地区进行哈萨克民族风情写生半个月。临摹壁画：第 98、217、320、329、431 等窟供养人。

作油画《敦煌中寺后院》、《三危山的傍晚》、《敦煌农民》、《在冰河上》、《肖像》、《梨花》、《古汉桥》等。作水彩画《哈萨克族牧人》、《蒙古族猎人》、《马喇嘛》、《古汉桥前》等。

1948 年

4 月，莫高窟重新编号完成。

6 月，由敦煌至南京，并筹备敦煌艺术展。

8 月，敦煌艺术展在南京举办，展出临摹壁画 600 余幅。后移至上海继续展出。

11 月，临摹画稿制成彩色版。为防壁画摹本被运往台湾，将画稿分两批藏在杭州和上海两地。

撰文《从敦煌近事说到千佛洞的危机》，发表于《大公报》。

作油画《磨坊》、《哈密瓜》、《牧民的休息》、《敦煌一老农》、《敦煌梨花》等。

女儿沙娜赴美国留学。

1949 年

继续考察石窟，崖顶修筑防沙墙，临摹敦煌莫高窟第 66 窟唐代壁画救苦救难观音，作油画《张氏夫妇像》、《黄氏夫妇像》换取捐款，为莫高窟洞窟修建窟门。

9 月 28 日，迎接敦煌解放，解放军到达莫高窟。

10 月，参加敦煌县城的解放庆功大会。

10 月 20 日，酒泉军分区接管敦煌艺术研究所，全体工作人员留用。

与李承仙为进疆部队画毛主席、朱总司令像。

12 月，酒泉地委贺建三书记、专员公署刘文山专员来所慰问，赠棉衣裤、皮手套、棉鞋等。

1950 年

元月，与李承仙一起为进疆部队画毛主席、朱总司令画像。

春节前，用梨木板刻自己新创作的年画《一本万利》、《发家致富》、《工农赐福》、《槽头央旺》等，并与敦煌县政府联合公告，在敦煌出售。

3 月起，千佛洞前有限的土地上开荒种植瓜果蔬菜和粮食。

4 月 28 日，儿子嘉煌出生。

8 月，西北军政委员会文化部文物处赵望云处长、张明坦副处长来莫高窟，正式接管研究所。开团结会，给全所同志及嘉煌送衣物，并总结过去，布置新的工作任务。

10 月，去西安参加西北第一次文代会，被选为西北文联理事、西北美协副主席。参加西北第一次美展，展出有关少数民族的风情画 20 余幅。

12 月，赴京筹备敦煌文物展。

1951 年

元月，敦煌艺术研究所归属中央人民政府政务院文教委员会社会文化事业管理局，改名为敦煌文物研究所，常书鸿任所长。参加郑振铎任组长的敦煌文物展筹委会。

4 月 7 日，筹备工作结束，陪同周恩来总理参观展览会。展览开幕后接待瑞典驻华第一任公使阿马斯顿先生，收到

1937 年寄存在德国大使馆陶德曼处的一批油画。

6 月 6 日，中央人民政府政务院文教委员会向敦煌文物研究所颁发奖状、奖金。

7 月，国家社会文化事业管理局拨款抢修莫高窟，与古建所赵正文、莫宗江、余鸣谦等专家规划莫高窟的抢修工程。

8 月，配合北京电影制片厂拍摄电影《敦煌艺术》。在北京中国历史博物馆参加忠诚与老实运动。

9 月，参加中华人民共和国文化代表团出访印度、缅甸，9 月 20 日起程。

10 月起在印度、缅甸参观，作《敦煌艺术》的报告。

写作和发表了《敦煌艺术的源流与内容》、《敦煌壁画艺术》、《敦煌艺术》、《从敦煌艺术看中国民族艺术风格及其发展特点》等论文。

1952 年

2 月，结束访问印度、缅甸，回到北京。

5 月，回到敦煌，向党组织提出加入中国共产党的申请。将他于 1944 年购买的《蒙求注》唐人写本（蝴蝶装）赠给敦煌文物研究所。制定新的临摹与研究工作计划。

9 月，在兰州主办敦煌壁画临摹作品展。

10 月，率团考察天水麦积山石窟。

11 月，率团考察永靖炳灵寺石窟，调查报告发表在《文物参考资料》上。

作油画《哈萨克族妇女》。

1953 年

6 月至 12 月，任新疆文物考察团副团长，考察新疆石窟。

当选为敦煌县人民代表。任中日友好协会理事、中东文化友协理事。

作油画《新疆维吾尔族姑娘》、《活提乌斯曼》、《雪后大佛殿》。

元月 7 日，儿子嘉皋出生。

1954 年

写工作报告提交给文化部，主要内容为保护与研究方面的总结与设想、关于改善工作和生活条件的问题，得到周扬批示，拨给研究所带拖斗吉普车，购置了发电机，千佛洞安装了电灯。

整理新疆考察报告、论文。

规划全所工作，重点临摹敦煌图案。

撰写《敦煌图案》一文。

1955 年

临摹莫高窟第 217 窟《幻城喻品》。

文化部文物局王冶秋局长来所视察，确定"全面摄影，重点临摹"的方针，规定了各项研究任务。

春，印度阿旃陀建窟 1500 周年展在北京举行，就此，常书鸿向郑振铎部长建议，于 1966 年庆祝敦煌莫高窟建窟 1600 周年，并建议出版敦煌大型图录。

9 月，负责北京故宫奉先殿举办敦煌艺术展，展出大幅代表作和整窟临摹作品。

10 月，在敦煌接待印度友人、印度国际大学艺术院院长巴曼在莫高窟为期一个月的考察、临摹和研究。

1956 年

主持制订 1956 年至 1966 年敦煌文物研究所 10 年工作规划草案。

全年在榆林窟临摹、调查，撰写《新疆石窟艺术》一书，并制图。

7 月 1 日加入中国共产党。入党介绍人为高鹤龄、杜芳铭。

作油画《榆林窟》、《霍老先生》、《莫高窟牌坊》、《敦煌莫高窟大佛殿》、《幼苗》等。撰文《敦煌艺术》、《敦煌壁画中历代人民的生活画》，并发表。

编辑出版《敦煌彩塑》，并撰写《敦煌彩塑》一文。

编辑出版《敦煌唐代图案》，并撰写《敦煌唐代图案》一文。

对 12 册《敦煌艺术小丛书》的著者李承仙、霍熙亮、李其琼、段文杰、关友惠、冯仲年、万庚育，孙纪元、欧阳琳等九位同志的文稿，逐篇修改并补充，完成后交人民美术出版社出版。

1957 年

6、7 月筹备敦煌艺术赴日展览。

夏，郑振铎视察千佛洞，提出编辑出版敦煌石窟 120 本的计划、编委人选。继续规划榆林窟的临摹工作。

10 月，进京筹备赴日展览。

12 月中旬，与康大川、李承仙、崔泰山组成敦煌展览工作团赴日访问、展出。

《甘肃日报》发表《从人大于山谈起》、《跳加官》等文。

人民美术出版社出版《常书鸿油画集》。

《新疆石窟艺术》的论文及内容调查脱稿，与人民美术出版社签订出版合同。

与人民文学出版社签订出版常书鸿散文集合同。

作油画《榆林窟风景》、《榆林窟之夏》、《九层楼侧修防沙墙》，作水彩画《塔婆》、《林阴道上》等。

1958 年

元月 5 日在日本东京高岛屋敦煌艺术展开幕，在展览会场接待日本友人参观。后移至京都展出。展出期间做《敦煌艺术》的学术报告。

2 月 16 日回国。

夏，由中国美术家协会主办的常书鸿油画习作展在北海公园展出，展出作品均为留法及回国后所作。

被评为甘肃省先进工作者，出席省先进工作者会议。

10 月，敦煌文物研究所由文化部下放归属甘肃省领导，任务是"保管与发扬"。

日本出版常书鸿编写的《敦煌壁画》、《敦煌彩塑》。

作油画《水仙花》、《水车》、《肖像画》等。

发表《敦煌艺术在日本》、《从中日文化交流的历史说到敦煌艺术在日本的展出》诸文。

1959 年

元月，出访印度，团长为刘敦桢，团员苏晖和常书鸿。访问期间作油画、速写 20 余幅，有《印度总统速写》、《印度公园》、《印度晚霞》、《印度水库》、《海边》、《古堡》、《印度工人》等。

10 月，为庆祝建国 10 周年，在故宫博物院弘义阁举办敦煌、榆林两地石窟艺术展，撰写展览说明。

9 月，任兰州艺术学院院长，兼任敦煌文物研究所所长。

参加甘肃省党代会。

发表诸文《敦煌十年》、《礼失而求诸野》、《抚今忆昔话敦煌》、《玉门关外有人家》。

1960 年

全面主持兰州艺术学院工作。并在常书鸿画室任导师，指导姜豪、陈克俭等作画。在敦煌文物研究所创办石窟工作、博物馆事业训练班，培养本省各地、县选派的学员，为期半年。

出席甘肃省先进工作者会议。

为文物出版社出版的敦煌画集撰文《敦煌艺术》，在《人民日报》发表《谈图案》一文。

作油画《食堂》、《兰州瓜果》等。

1961 年

主持兰州艺术学院校园建设，继续在常书鸿画室任教。

在北京故宫举办敦煌飞天、供养人专题展览。

任甘肃省政协常委。

10 月，去青海参加美协工作会议。

甘肃省文联主办的常书鸿油画展，在兰州友好馆举行，除公开展出 83 件作品外，裸体作品内部展出。

作油画《青海湖》、《塔尔寺》和静物《令箭荷花》、《段家滩之鱼》、《切开的鱼》等。

1962 年

元月，在上海博物馆举办敦煌艺术展和敦煌飞天、敦煌服饰、敦煌图案三个专题展览。并作《敦煌图案与现代工艺美术》和《敦煌艺术》的专题报告，报告会由上海美协主办。

参加全国政协会议，作《六亿神州尽舜尧》的发言。

向周恩来总理报告敦煌石窟的危险状况和维修建议。

8 月，中央文化部徐平羽副部长率敦煌莫高窟考察工作组赴敦煌。常书鸿汇报并解决了敦煌文物保护、编辑出版和研究所的一些建议问题。文化部党组报请周总理批准拨给经费和材料，设计、施工由铁道部担任，开始了莫高窟崖壁的加固工程。

年底，兰州艺术学院撤销。常书鸿任甘肃省文联主席、甘肃省美协主席。

在上海《文汇报》发表《敦煌的春天》、《喜鹊的故事》、《一年四季话春秋》、《敦煌书简》等文。作油画《兰州瓜果》、《令箭》等。

1963 年

春，国务院拨巨款，莫高窟大规模加固工程开始施工。

常书鸿当选为中国共产党甘肃省代表大会代表，并参加省党代表大会。

在敦煌文物研究所作《敦煌石窟与西域佛教艺术的关系》报告。发表《敦煌抒感》、《礼失而求诸野》、《敦煌的夏天》、《莫高窟来鸿》诸文。

作油画《学雷锋》以及静物《鱼》、《豆》等。

撰写申请莫高窟第二期加固工程的报告。

1964 年

当选第三届全国人民代表大会代表，并参加全国人代会。

继续莫高窟加固工程施工，第二期加固工程时，即申请第三期加固工程。

撰写纪念敦煌莫高窟建窟 1600 年活动的报告。研究所工作重点按纪念活动项目进行，准备本所业务人员的研究论文、编辑出版大型图录、举办展览会等。

经过反复研究考证，确定第 362 窟唐代和尚塑像是第 17 窟藏经洞的洪䛒和尚像，因此，移至第 17 窟北壁床座上，在碑石背面记录了此事。

1965 年

莫高窟加固工程第二期结束，第三期开始。

年初，去北京申报莫高窟建窟 1600 年纪念活动的有关工作。拜访郭沫若先生，请郭沫若先生担任纪念大会主席。

林默涵部长来莫高窟视察工作，并做报告。

遵照省文化局 7 月 19 日关于莫高窟建窟 1600 年纪念活动举行内部小型纪念会的五点指示，主持本所保护、研究等工作。

9 月，再次写报告申报纪念活动具体准备事宜。撰写《佛教与佛教艺术》。

1966 年元月　继续拟定纪念莫高窟建窟 1600 年活动的计划，计划于 9 月下旬举行。

4 月 17 日，在北京，郭沫若为常书鸿题唐人诗篇《敕戒》。

6 月起，回兰州就被卷入"文化大革命"的风潮之中，被批判、揪斗、抄家。

9 月，回到敦煌，又被批判、揪斗、抄家。

1967 ~ 1972 年

被批斗、审查、劳动。

1972 年

4 月，陪同著名美籍作家韩素音访问敦煌，并接受韩素音的采访。

6 月，在北京参观文物展览。

作油画《梅花喜欢漫天雪》、静物《牡丹》等。撰写《敦煌莫高窟参观解说词》。

1973 年

撰文《武威铜奔马》一文，刊于《光明日报》，回到兰州。

撰写回忆录。

作油画《扶桑》、《刘家峡》、《刘家峡水库》和静物《豆》、《牡丹》、《丁香花》等。

1974 年

在兰州。

作油画《水仙》、《葡萄》、《花》、《大理花》等。

继续撰写回忆录。

1975 年

应国家文物局罗哲文之约，为联合国教科文组织撰写《敦煌艺术》一书。撰写长篇《凯歌敦煌比今昔》。

在兰州作油画《向阳花开瓜果香》、《牡丹》、《牡丹和香炉瓜》、《牡丹和菠萝》等。

8 月起，为兰州中川机场作《激流颂——刘家峡》大型油画（600×300 厘米）。

1976 年

3 月，完成兰州中川机场的绘画任务。为《人民中国》撰写《敦煌的风铃——三十六年敦煌话沧桑》。

撰写悼念周总理的文章。

9 月，与李承仙合作为甘肃省委礼堂、兰州军区绘制毛泽东、华国锋巨幅油画像各两幅。

在江苏省扬州作油画《扬州西园》、《扬州天宁寺》、《扬州施桥船闸》。在兰州作油画《万紫千红》、《令箭花》、《大理花》，《大理花和葡萄》、《牡丹》等。

在敦煌接待日本友人西园寺公一先生及夫人。

1977 年

继续撰写《三十六年敦煌话沧桑》。

与瑞典扬·米达尔笔谈《敦煌石窟与敦煌学》，于 6 月 28 日完稿。

1978 年

当选为第五届全国人民代表大会代表，在北京参加会议。

3 月，恢复敦煌文物研究所所长职务。整理散失文稿，组织开展研究工作，规划莫高窟窟前铁栅栏。

11 月起再次赴新疆考察石窟，修改补充原写文稿。

为《中国建设》撰写《敦煌艺术》。

在兰州作油画《珠峰在云海中》，在北京与李承仙合作创作大型油画《献给敢于攀登科学高峰的同志们》（600 × 340 厘米）。

方毅副总理视察敦煌，常书鸿汇报开放参观、拍电影及出版等事项。

在敦煌参与上海科教电影制片厂拍摄大型彩色纪录片《敦煌》。

夏，黄镇部长视察莫高窟，常书鸿汇报莫高窟洞窟常年大量人员进出参观、壁画显著褪色，为了确保一些特级洞窟的精美壁画和塑像，建议由部里规定严格控制开放的第一批特级洞窟 7 个。

1979 年

任全国美术家协会理事、中国考古学会理事、壁画学会理事。

出席第三次全国文学艺术家代表大会，任全国文联理事。

指导中央新闻电影制片厂拍摄莫高窟第 45 窟的彩色纪录片。

带领所内业务人员在洞窟中精选 1500 余幅壁画的拍摄目录，交与文物出版社。

指导新华社摄影部用自然光源拍摄莫高窟壁画精华，记录归档案馆。

主持兰州西北师范学院美术系学生在莫高窟学习两个月。

9 月，参与日本 NHK 广播公司、中央电视台拍摄专题片《丝绸之路》。与日本著名作家井上靖先生从兰州乘汽车沿河西走廊到敦煌莫高窟。

10 月，应日本友人桐朋学园生江义男学长邀请，与李承仙、常沙娜及翻译王庆英一起访问日本两周。

任甘肃省文化局副局长。

12 月，当选为甘肃省人民代表大会常务委员会委员。

为《中国石窟全集》写序文。

为五卷本《敦煌石窟》撰写序文。

为《光明日报》撰文《敦煌摄影》，在香港报刊发表《敦煌艺术》诸文。

宫川寅雄编译的常书鸿著《敦煌艺术》，由日本同朋舍出版。

1980 年

3 月 27 日至 4 月 12 日，应德国驻中国大使魏克特先生邀请，由德国波恩国际研究中心接待，常书鸿、李承仙及翻译屠敏华 3 人访问德国。

6～12 月因病在北京住医院治疗。

撰文并编辑大型画集《敦煌飞天》。撰文《西域佛教艺术》,并编辑图像。

《文化史料丛刊》第 1 辑和第 3 辑连载回忆录《铁马响丁当》。

1981 年

8 月,在敦煌陪同邓小平、王震、王任重同志参观。

在北京作油画静物《海蟹》、《水仙花》、《水仙和仙客来》等。

撰文《敦煌菩萨》、《敦煌集邮》、《从敦煌五台山壁画说到中日文化交流》

秋冈家荣所译常书鸿自传体著作《铁马响丁当》,由日本学研社出版。

日本一枚绘社出版《常书鸿画集》。

1982 年

3 月调任国家文物局顾问、敦煌文物研究所名誉所长。举家迁往北京。

4 月,参加浙江大学 85 周年校庆,并作讲演。

10 月,在浙江大学与李承仙合作绘制大型油画《攀登珠穆朗玛峰》。

继续修改《新疆石窟艺术》一书文稿,并整理图片。

整理译文《从希腊到中国》。

1983 年

2 月，在杭州浙江大学完成大型油画《攀登珠峰》（540×340 厘米），并捐赠给母校浙江大学。

4～8 月，应日本国立东京艺术大学邀请赴日本访问讲学，任日本国立东京艺术大学客座名誉教授。

当选为敦煌吐鲁番学会顾问。

应日本国际文化教育交流财团邀请作第六回石坂纪念讲演《我与敦煌》和《敦煌艺术》。在日本参观奈良、仓敷、仙台、青森、北海道、札幌等地。

作油画《仓敷》、《仙台之道》、《东大寺后面》、《二月堂》、《菊花》、《君子兰》、《东京的街》、《拉沙布岬之桥》等。

任第六届全国政协委员。

1984 年

参加全国政协会议。

5～11 月，左腿股骨、颈骨、左手腕骨折，住医院治疗。

油画静物《大理花和葡萄》参加第六届全国关展，获荣誉奖。

整理《我与敦煌》讲演稿，日本东京 SIMVL 出版社出版讲集《我与敦煌》。

全国美术家协会庆祝常书鸿从艺 60 周年。

1985 年 4～8 月，应日本东京枣寺主持邀请，与李承仙绘制组画障壁画《玄中寺》（100×183×7 厘米），共 7 幅。并参观访问日本名胜。

浙江人民出版社出版常书鸿译《从希腊到中国》。

为《庆阳石窟》、《嘉峪关墓画》撰写序言。

作油画《前事不忘后事之师》、《飞天和花》、《月季》等。

敦煌文物研究所更名敦煌研究院，任名誉院长。

1986 年

应日本奈良法隆寺邀请，赴日参观访问。

构思创作《丝绸之路飞天》画稿。

作油画《鱼及番茄》，中央新闻电影制片厂拍成电影。作静物《杨梅》等。

继续修改文稿。

1987 年

与李承仙创作障壁画《丝绸之路飞天》。

在北京、敦煌协助浙江杭州电视台拍摄《魂系敦煌——记画家常书鸿》电视片。日本 NHK 来北京，并同去敦煌拍摄常书鸿专题电视片《沿丝绸之路而来的飞天》。

参加浙江大学校庆，并举办常书鸿画展。任浙江大学校友会名誉会长。

赴香港参加香港中文大学召开的敦煌学学术讨论会，会上作《新疆石窟艺术》的讲演。

作油画《平湖秋月》、《断桥之畔》、《花港观鱼》、《月季》、《鱼和西红柿》等。

1988 年

4 月，完成历时两年创作的障壁画《丝绸之路飞天》，共 16 幅（183×185 厘米，l 幅；95×185 厘米，9 幅；95×95 厘米，6 幅），赠送给日本奈良法隆寺，并与李承仙应邀赴日，参加奈良法隆寺为障壁画落成而举行的开眼仪式。4 月 11 日，日本 NHK 电视台在晚 8 时播放长达 45 分钟的介绍常书鸿专题片《沿丝绸之路而来的飞天》。

5 月，在杭州浙江美术学院举办常书鸿画展，展出油画 70 幅。杭州电视台于 5 月 9 日播放常书鸿专题电视片《魂系敦煌》。

8 月，中国美术家协会和文化部在中国美术馆联合举办常书鸿画展，展出油画作品 83 件。

9 月 5 日，中央电视台播放中央电视台和杭州电视台联合摄制的专题片《魂系敦煌——记画家常书鸿》。

任第七届全国政协委员，参加全国政协大会。

作油画《远望宝傲塔》、《回忆当年南高峰》、《刘丹像》、《桂鱼和酒瓶》、《大理花和葡萄》、《水仙花》、《小青》等。

1989 年

与李承仙合作创作大型四联画《敦煌舞乐和飞天》。

作油画《双鱼》、《月季花》、《白剑兰》、《紫玉兰》等。

继续撰写、补充回忆录。

1990 年

继续创作四联画《敦煌舞乐和飞天》。

作油画《邓家牡丹花》、《沙漠天宫》、《牡丹花》、《鲤鱼及福字瓶》、《剑兰》、《百合花兰花》等。

继续撰写、补充回忆录。

10月，赴日本参加日本富士美术馆举办的常书鸿、嘉煌父子画展。日本创价大学授予常书鸿名誉博士学位。

整理1980以来与日本创价学会池田名誉会长对谈录。

1991 年

10月，接受国务院表彰我国科学研究事业做出突出贡献者颁发的政府特殊津贴。

整理与池田大作先生对谈稿。

10月，完成历时近3年创作的四联画《敦煌舞乐和飞天》（400×185厘米）。

12月，完成《攀登珠峰》大型油画。

作油画《不是春光胜似春光》、《香山红叶》、《野菊花》、《野菊花和小鸟》、《飞天及花》等。

1992 年

4月，向母校浙江大学赠送《梅花欢喜漫天雪》的毛主席肖像油画。拟定向筹建中的常书鸿美术馆赠画50幅。

常书鸿与池田大作对谈录《敦煌的光彩》，由中国社会科学出版社出版。

4月6日，应日本创价学会邀请访问日本，向日本创价学会名誉会长池田大作赠送大型油画《攀登珠峰》（540×340厘米）。

获日本富士美术馆最高荣誉奖，并接受富士美术馆名誉馆长的称号。

任高校海外联谊会理事。

作油画《千年潮水万年石》、《冲绳之树》、《热带兰花》、《玫瑰与樱花》、《月季》、《月季和剑兰》等。

撰写和修改回忆录。

1993 年

8 月，完成《九十春秋——敦煌五十年》回忆录的撰写工作，并由母校浙江大学出版社出版。

1994 年

6 月 23 日，逝世于北京协和医院，享年 91 岁。根据本人遗愿，葬于敦煌莫高窟（经特批，一小部分骨灰安放于八宝山灵堂）。

常书鸿先生著述简表

1.《苏俄画坛近况》,《艺风》1934 年第 2 卷第 1 期。

2.《巴黎中国画展与中国画前途》,《艺风》1934 年第 2 卷第 9 期;《九十春秋——敦煌五十年》,浙江大学出版社,1994 年。

3.《雷诺阿的胜利》,《艺风》1934 年第 2 卷第 9 期;又载《九十春秋——敦煌五十年》,浙江大学出版社,1994 年。

4·《意大利未来派中的天空画家》,《艺风》1934 年第 2 卷第 8 期。

5.《真与美及其观察》,《艺风》1934 年第 2 卷第 8 期。

6.《法国近代装饰艺术运动概况》,《艺风》1934 年第 2 卷第 8 期;又载《九十春秋——敦煌五十年》,浙江大学出版社,1994 年。

7·《法国沙龙简史》,《艺风》1934 年第 2 卷第 8 期。

8.《中国新艺术运动过去的错误与今后的发展》,《艺风》1934 年第 2 卷第 8 期;又载《九十春秋——敦煌五十年》,浙江大学出版社,1994 年。

9.《现代绘画上的题材问题》,《艺风》1934 年第 2 卷第 8 期;又载《九十春秋——敦煌五十年》,浙江大学出版社,1994 年。

10.《本合成立经过》,《艺风》1934 年第 2 卷第 8 期。

11. 《苏俄画坛近》，《艺风》1935 年第 3 卷第 8 期。

12. 《现代艺术基线》，《艺风》1935 年第 3 卷第 8 期。

13 · 《近代装饰艺术的认识》，《艺风》1935 年第 3 卷第 8 期。

14 · 《有色电影的成功与画家》，《艺风》1935 年第 3 卷第 8 期。

15 · 《现代绘画上的实质问题》，《艺风》1935 年第 3 卷第 8 期。

16. 《敦煌艺术研究所发现六朝残经》，《史学杂志》1945 年第 1 期。

17. 《人与艺术》，《西北文化》第 34 期（敦煌艺术特辑），1945 年 7 月 12 日。

18. 《敦煌艺术与今后文化建设》，《文化先锋》第 5 卷第 24 期，1946 年 7 月；又载《新思潮》第 1 卷第 2 期，1946 年 9 月；又载《中国敦煌学百年文库·综述卷》（一），甘肃文化出版社，1999 年。

19. 《敦煌艺术与今后文化建设》，《西北日报》1946 年 12 月 1 日第 3 版。

20. 《敦煌艺术与今后文化建设（续）》，《西北日报》1946 年 12 月 2 日第 3 版。

21. 《敦煌艺术与今后文化建设（续）》，《西北日报》1946 年 12 月 3 日第 3 版。

22. 《〈敦煌石室画像题识〉序》，《敦煌石室画像题识》，比较文化研究所、国立敦煌艺术研究所、华西大学博物馆联合（成都）出版，1947 年 2 月；又载《敦煌丛刊初集》第 5 册，新文丰出版股份有限公司，1985 年 6 月。

23. 《敦煌艺术特点》，《敦煌艺展》（南京区、上海区），国立敦煌艺术研究编印，1948 年 8～9 月；又载《中国敦煌学百年文库·艺术卷》（一），甘肃文化出版社，1999 年。

24. 《从敦煌近事说到千佛洞的危机》，《大公报》1948 年 9 月 10 日。

25. 《敦煌千佛洞的今昔（一）》，《昆仑》1949 年 1 月 29 日第 4 版。

26. 《敦煌千佛洞的今昔（二）》，《昆仑》1949 年 2 月 12 日第 4 版。

27. 《敦煌千佛洞的今昔（三）》，《昆仑》1949 年 2 月 19 日第 4 版。

28. 《敦煌千佛洞的今昔（四）》，《昆仑》1949 年 2 月 26 日第 4 版。

29. 《敦煌千佛洞的今昔（五）》，《昆仑》1949 年 3 月 5 日第 4 版。

30. 《敦煌千佛洞的今昔（六）》，《昆仑》1949 年 3 月 12 日第 4 版。

31. 《从敦煌艺术看中国的民族艺术风格及其发展特点》，《艺术生活》1951 年第 3 期；又载《中国敦煌学百年文库·艺术卷》（一），甘肃文化出版社，1999 年。

32. 《控诉美国强盗盗窃敦煌文物的罪行》，《光明日报》1951 年 4 月 15 日第 4 版。

33. 《敦煌艺术》，《新观察》第 2 卷第 9 期，1951 年 5 月；又载《中国敦煌学百年文库·艺术卷》（一），甘肃文化出版社，1999 年。

34. 《敦煌艺术的源流与内容》，《文物参考资料》第 2

卷第 4 期，1951 年 4 月；又载《敦煌学文选》（上），兰州大学编印，1983 年 8 月；又载《丝绸之路文献叙录》，兰州大学出版社，1989 年 9 月；又载《中国敦煌学百年文库·艺术卷》（一），甘肃文化出版社，1999 年。

35．《敦煌艺术的源流与内容的概述》，《敦煌》，（北京）学习书店出版，1951 年 5 月。

36． 《沙漠中的骆驼——记工作八年的敦煌研究所》，《甘肃日报》1951 年 6 月 14 日。

37．《敦煌文物在兰州的展出》，《光明日报》1952 年 10 月 14 日。

38．《从出土文物展览看卓越的汉唐墓室壁画》，《文物参考资料》1954 第 4 期。

39．《从敦煌壁画看历代人民生活》，《甘肃日报》1955 年 1 月 12 日第 4 版。

40．《阿旃陀和敦煌——纪念印度阿旃陀石窟艺术 1500 周年》，《光明日报》1955 年 9 月 12 日第 4 版；又载《丝绸之路文献叙录》，兰州大学出版社，1989 年 9 月。

41．《敦煌的壁画》，水野清一译，东京平凡社，1958 年 3 月。

42．《敦煌壁画中的历代人民生活画》，《文物参考资料》1956 年第 2 期；又载《中国敦煌学百年文库·艺术卷》（一），甘肃文化出版社，1999 年。

43．《谈敦煌图案》，《文物参考资料》1956 年第 8 期；又载《中国敦煌学百年文库·艺术卷》（一），甘肃文化出版社，1999 年。

44．《长期坚持敦煌壁画临摹工作的李承仙同志》，《美术》1956年9月。

45.《〈敦煌壁画集〉序言》，《敦煌壁画集》，文物出版社，1957年6月。

46.《敦煌莫高窟介绍——中国人民的艺术宝库》《敦煌莫高窟》，甘肃人民出版社，1957年11月。

47.《从中日文化交流历史说到敦煌艺术在日本展出》，《美术》1958年6月。

48.《中国敦煌艺术展览会の日本开催に寄せゐ》，《中国敦煌艺术展》，东京美术出版社，1958年1月。

49.《敦煌艺术在日本》，《文汇报》1958年4月8日。

50.《敦煌》，《佛教艺术》第34期（敦煌佛教美术特集），1958年5月。

51.《敦煌——中国佛教艺术宝库》，原田稔译，《佛教艺术》，1958年。

52.《漫谈古代壁画技术》，《文物参考资料》1958年第11期；又载《中国敦煌学百年文库·艺术卷》（一），甘肃文化出版社，1999年。

53.《敦煌的塑像》，与北川桃雄合编，东京美术出版社，1958年。

54.《敦煌图案（代序）》，《敦煌唐代图案选》，人民美术出版社，1959年5月。

55.《大放光彩的千佛洞》，《甘肃日报》1959年9月30日第4版。

56.《敦煌十年（回忆录）》，《红旗手》1959年第10期。

57.《敦煌莫高窟壁画》，《敦煌壁画》，文物出版社，

1960 年 3 月。

58．《敦煌彩塑》，《敦煌彩塑》，人民美术出版社，1960年 4 月；又载《中国敦煌学百年文库·艺术卷》（一），甘肃文化出版社，1999 年。

59．《敦煌莫高窟的维修工作》，《甘肃日报》，1961 年 5月 9 日第 4 版；又载《中国敦煌学百年文库·石窟保护卷》，甘肃文化出版社，1999 年。

60．《祖国艺术的瑰宝》，《解放日报》1962 年 2 月 18 日第 4 版。

61．《敦煌的春天——从敦煌近事说到祖国的文物工作》，《文汇报》1962 年 2 月 1 日。

62．《礼失而求诸野》，《甘肃日报》1962 年 6 月 2 日第3 版。

63．《从"人大于山"说起》，《人民日报》1962 年 7 月第 6 版。

64．《夏天的敦煌》，《文汇报》1962 年 8 月 11 日。

65．《喜鹊的故事——敦煌散记之一》，《文汇报》1962 年。

66．《敦煌抒感》，《人民文学》1963 年 11 月。

67．《敦煌新姿》，《光明日报》1965 年 10 月 7 日第4 版。

68．《敦煌莫高窟》（稿本），1965 年 10 月；又载《中国敦煌学百年文库·综述卷》（二），甘肃文化出版社，1999 年。

69．《武威出土的东汉铜奔马——学习祖国历史文物笔记》，《光明日报》1973 年 1 月 6 日第 3 版。

70.《敦煌壁画与江青的复辟梦》,《甘肃日报》1976年12月23日第5版。

71.《周总理关怀敦煌文物工作》,《甘肃日报》1977年1月9日第3版;又载《中国敦煌学百年文库·综述卷》(二),甘肃文化出版社,1999年。

72.《怀念·回忆·决心》,《甘肃日报》1978年3月3日第3版。

73.《莫高窟の风铎の音》,《人民中国》1978年第6期。

74.《莫高窟檐角的铁马响丁当——我在敦煌四十年》,《敦煌文史资料选辑》第1辑,政协甘肃省敦煌市委员会编印,1991年6月;又载《中国敦煌学百年文库·综述卷》(二),甘肃文化出版社,1999年。

75.《敦煌壁画资料》,生江义男译,《亚洲经济旬报》别册,1978年10月。

76.《敦煌莫高窟艺术》,《文物》1978年第12期;又载《中国敦煌学百年文库·艺术卷》(一),甘肃文化出版社,1999年。

77.《丝绸之路上的一颗明珠——介绍敦煌莫高窟艺术》,《光明日报》1978年12月27日第3版。

78.《敦煌的美术》,《大日本绘画》,1978年。

79.《回忆与悼念》,《悼念郭老》,三联书店,1979年5月。

80.《敦煌的万里长城》,《艺术世界丛刊》1979年第1期。

81.《敦煌石窟艺术》,《甘肃日报》1979年9月。

82.《参观〈敦煌艺术摄影展览〉有感》,《光明日报》

1979 年 12 月 12 日第 3 版。

83. 《敦煌莫高窟的艺术》，《敦煌的美术》，东京大日本绘画发行，1979 年。

84. 《敦煌の艺术》，土居淑子译，京都同朋社，1980 年 4 月。

85. 与李承仙合作《敦煌飞天》，《敦煌飞天》，中国旅游出版社，1980 年 7 月。

86. 《石窟初次巡礼》，《文化史料丛刊》第 1 辑，北京文史资料出版社，1980 年 8 月。

87. 《敦煌的艺术》，京都同朋社，1980 年 12 月。

88. 《敦煌莫高窟艺术（代序）》，《敦煌的艺术宝藏》，文物出版社、生活·读书·新知三联书店香港分店，1980 年 lO 月；又载《敦煌艺术》，台湾里仁书局，1981 年 3 月。

89. 《乡音》，《浙江日报》1981 年 4 月 1 日。

90. 《为阿 Q 造像》，《光明日报》1981 年 9 月 27 日第 4 版。

91. 《敦煌艺术研究》，《艺术新潮》第 9 卷第 3 期。

92. 《敦煌》，《佛教艺术》第 34 期。

93. 《〈敦煌莫高窟〉序》，《中国石窟·敦煌莫高窟》（一），文物出版社、平凡社，1981 年 12 月。

94. 《怀念画家韩乐然同志》，《社会科学战线》1982 年第 4 期。

95. 《敦煌の风铎（日文）》，秋冈家荣译，《学习与研究》，1982 年。

96. 《敦煌艺术——在日本所作第六回石坂纪念讲演》，1983 年。

97.《我与敦煌——在日本所作第六回石坂纪念讲演》，1983年。

98.《一万四千六百昼夜——我与敦煌四十年》，《每日新闻》1983年7月26日；又载《大公报》1983年8月2日第4版。

99.《敦煌壁画与野兽派绘画》，香港《美术家》第36期，1984年2月。

100.《敦煌と私》，サイマル出版社，1986年。

101.《〈敦煌历代服饰图案〉序》，《敦煌历代服饰图案》，万里书店有限公司、轻工业出版社，1986年10月。

102.《敦煌莫高窟——代序》，《敦煌艺术图典》，艺术家出版社，1991年3月。

103.《敦煌的光彩——池田大作与常书鸿对谈、书信录》，高屹、张同道编译，中国社会科学出版社，1991年。

104.《祖国》，《人民日报》1993年3月29日第8版。

105.《九十春秋——敦煌五十年》，浙江大学出版社，1994年。

106.《新疆石窟艺术》，中共中央党校出版社，1996年。

107.《乡音》，《浙江日报》1981年4月1日第4版。

108.《坚守敦煌》，《新语丝》2001年5月12日。

池田大作先生大事年表

1928 年

1 月 2 日，出生于东京。

1951 年

9 月，创办机关报《圣教新闻》

1960 年

5 月，就任创价学会第三任会长。

1961 年

1 月，首次访问香港。

1963 年

9 月，会见高碕达之助。

10 月，创办民主音乐协会（民间）。

1964 年

6 月，创办创价大学。

11 月，创办公明党。

1966 年

5 月，接到周总理委托有吉佐和子转达的访问中国的邀请。

1968 年
9 月，发表"日中邦交正常化"的倡言。

1974 年
5 月，首次访问中国，与李先念副总理会见。

6 月，首次访问苏联，和柯西金总理会见。

9 月，第二次访问中国，并与周总理、邓小平副总理会见。

1975 年
1 月，创办国际创价学会，同时就任该会会长。

4 月，创价大学接受新中国第一批六名留学生。

9 月，第三次访问中国，与邓小平副总理会见。

1976 年
1 月，周恩来总理逝世，到中国大使馆吊唁周总理。

1978 年
8 月，与中日友协副会长赵朴初会见。

8 月，会见中国青年代表团一行。

9 月，第四次访问中国，与李先念副总理、邓颖超同志等会见。

1979 年
4 月，会见全国青联代表团。种植了"周夫妇樱"。

4 月，邓颖超同志访日，到迎宾馆拜访邓颖超同志。

5 月，就任日本创价学会名誉会长。并与中日友协会长廖承志会见。

1980 年

3 月，与中国大使符浩会见。

4 月，与巴金先生、冰心女士会见。

5 月，第五次访问中国。

1982 年

5 月，与中国大使宋之光会见。

10 月，与中日友协副会长孙平化会见。

1983 年

11 月，创立东京富士美术馆。

1984 年

4 月，与王震中日友协名誉会长会见。

6 月，第六次访问中国，被授予北京大学、复旦大学名誉教授。

1985 年

3 月，与全国青联主席胡锦涛（现任国家主席）会见。

1989 年

4 月，与李鹏总理会见。

1990 年

5 月，第七次访问中国，同时率领 200 名团员。与邓颖超女士会见。

1992 年

4 月，与江泽民总书记会见。

10 月，第八次访问中国，获中国社会科学院授聘名誉教授。

1994 年

1 月，第九次访问中国。

1997 年

4 月，与中华全国青年联合会代表团一行会见。

5 月，第十次访问中国。

11 月，与李鹏总理会见。

1998 年

4 月，与胡锦涛副主席（现任国家主席）会见。

11 月，与江泽民总书记会见。

1999 年

会见赴日本演出的"中国京剧团"一行。

2002 年

9 月，"池田大作诗歌书画摄影展"中国革命博物馆举行。

2006 年

10 月，10 月 18 日—31 日，广东省社会科学院、广州市对外友好协会、广州市对外文化交流协会、广东省摄影家协会、广州市摄影家协会、广州艺术博物院和国际创价学会、香港国际创价学会在广州联合举办"与自然对话—池田大作摄影展"。

获得第 200 个名誉学术称号。

2007 年

4 月，与温家宝总理会见。

2008 年

5 月 8 日，用中文为胡锦涛主席写下"藏头诗"：国富邦和日日新，家家充裕感恩深。主施仁政行王道，席不暇暖为人民。古来文化汉土求，月氏睿智福共筹。锦绣中华迎旧友，涛声友好万代流。

2009 年

12 月 8 日，"周恩来·池田大作思想国际青年学术研讨会"在南开大学举行。

池田大作先生著述简表

《青春寄语》，长春：吉林人民出版社，1986 年 8 月第
1 版。

《女性箴言》，长春：吉林人民出版社，1986 年 8 月第
1 版。

《池田大作选集》，卞立强选编，北京：北京大学出版
社，1988 年 5 月第 1 版。

《二十一世纪的警钟》（与贝恰对谈集），卞立强译，北
京：中国国际广播出版社，1988 年 6 月第 1 版。

《和平、人生与哲学》（与基辛格对谈集），卞立强译，
北京：中国国际广播出版社，1988 年 10 月第 1 版。

《四季雁书》（与井上靖合著），仁章译，长春：吉林人
民出版社，1990 年 1 月第 1 版。

《第三条虹桥》（与罗古诺夫对谈集），卞立强译，北京：
中国国际广播出版社，1990 年 3 月第 1 版。

《我的佛教观》，业露华译，成都：四川人民出版社，
1990 年 4 月第 1 版。

《社会与宗教》，（与威尔逊对谈集），成都：四川人民出
版社，1991 年 10 月第 1 版。

《敦煌的光彩——池田大作与常书鸿对谈、书信录》，高
屹 张同道编译，北京：中国社会科学出版社 1991 年 12 月第
1 版。

《佛教一千年》，王尊仲译，香港：牛津大学出版社，

1992 年 1 月第 1 版。

《吉川英治：作家与作品》，石观海译，武汉：武汉大学出版社，1992 年 6 月第 1 版。

《走向 21 世纪的人与哲学——寻找新的人生》（与狄尔鲍拉夫对谈集），北京：北京大学出版社，1992 年 9 月第 1 版。

《飞架太平洋的虹桥》，长沙：湖南少年儿童出版社，1992 年 10 月第 1 版。

《我的人学》，北京：北京大学出版社，1992 年 12 月第 1 版。

《世界市民的展望——池田大作选集》，香港：三联书店（香港）有限公司，1993 年 1 月第 1 版。

《我的释尊观》，潘桂明译，成都：四川人民出版社，1993 年 5 月第 1 版。

《人生寄语——池田大作箴言集》，上海：上海社会科学院出版社，1996 年 2 月第 1 版。

《佛法·西与东》，王健译，成都：四川人民出版社，1996 年 3 月第 1 版。

《和平世纪的倡言》（大学讲演集），香港：天地图书有限公司，1997 年 1 月第 1 版。

《生生不息为和平：保林和池田大作对话录》，香港：牛津大学出版社，1997 年 1 月第 1 版。

《池田大作思想小品》，程郁，禾声编译，上海：上海社会科学院出版社，1997 年版。

《21 世纪文明与大乘佛教——海外诸大学演讲集》，台北：正因文化事业有限公司，1998 年 1 月第 1 版。

《续·我的佛教观》，成都：四川人民出版社，1998 年 4

月第 1 版。

《探求一个灿烂的世纪》（与金庸对谈集），孙立川译，北京：北京大学出版社，1998 年 7 月第 1 版。

《心灵四季》，吴瑞钧，王云涛译，北京：时事出版社，1998 年 9 月第 1 版。

《我的天台观》，成都：四川人民出版社，1999 年 3 月第 1 版。

《展望二十一世纪》（与汤因比对谈集），北京：国际文化出版公司，1999 年 6 月第 1 版。

《法华经的寿量》，香港：明报出版社有限公司，2000 年 1 月第 1 版。

《青春对话——与二十一世纪主人翁倾谈》，北京：中国友谊出版公司，2000 年 5 月第 1 版。

《人生问答》（与松下幸之助对谈集），北京：中国文联出版社，2000 年 11 月第 1 版。

《理解友谊和平——池田大作诗选》，文洁若译，北京：作家出版社，2002 年 8 月第 1 版。

《理解、友谊、和平——池田大作讲演、随笔集》，北京：作家出版社，2002 年 8 月第 1 版。

《孩子的世界》（与里哈诺夫合著）卞立强，李力译，北京：中国文联出版公司，2002 年 10 月第 1 版。

《人生的坐标》，上海：上海外语教育出版社，2002 年 10 月第 1 版。

《池田大作集》，何劲松编选，上海：上海远东出版社，2003 年 1 月第 1 版。

《黑夜寻求黎明》（与尤伊古对话集），北京：中国国际广播出版社，2003 年 10 月第 1 版。

《永远的经典——学习御书》，创价协会译，台北：正因文化事业有限公司，2003年版。

《希望对话：给21世纪的青少年》，创价协会译，香港：明报出版社有限公司。

《畅谈东方智慧》（与季羡林、蒋忠新对谈集），卞立强译，成都：四川人民出版社，2004年1月第1版。

《新女性抄》，上海：上海财经大学出版社，2004年4月第1版。

《时代精神的潮流》，香港：商务印书馆（香港）有限公司，2005年2月第1版。

《20世纪的精神教训》（与戈尔巴乔夫对谈集），北京：社会科学文献出版社，2005年6月第1版。

《畅谈世界哲学——钱德拉与池田大作对谈录》，香港：明报出版社有限公司，2005年6月第1版。

《与自然对话——池田大作摄影集》，广州：岭南美术出版社，2005年10月第1版。

《青春岁月读书感悟》，刘晓芳译，作家出版社，2006年4月第1版。

《新人间革命》，香港：天地图书有限公司，2006年12月第1版。

《第三青春：高龄化社会的省思》，台北：正因文化事业有限公司，2006年版。

《人物随想集》，台北：正因文化事业有限公司，2006年版。

《新人类、新世界：畅谈教育与社会》（与沙德维尼兹对谈集），台北：正因文化事业有限公司，2006年版。

《谈幸福》，北京：中国文联出版社，2007年3月第

1 版。

《健康与人生——畅谈生老病死》，（与西马、布尔若对话集），香港：商务印书馆（香港）有限公司，2007 年 4 月第 1 版。

《对话的文明》（与杜维明对谈集），卞立强、张彩虹译，成都：四川人民出版社，2007 年 10 月第 1 版。

《给你希望、勇气和幸福的 365 日》，香港：商务印书馆（香港）有限公司，2008 年 5 月第 1 版。

《探索地球的和平》（与罗布拉特对谈集），香港：明报出版社有限公司，2008 年 6 月第 1 版。

《365 日给女性的赠言》，卞立强译，成都：四川人民出版社，2008 年 11 月第 1 版。

《给青少年的哲学》（与 A·利哈诺夫对谈集），刘焜辉译，台北：正因文化事业有限公司，2008 年版。

《我的世界交友录》，长沙：湖南师范大学出版社，2009 年 3 月第 1 版。

《孩子们是"未来的宝贝"：教育箴言录》，北京：中国文联出版社，2009 年 5 月第 1 版。

《文化艺术之旅》（与饶宗颐、孙立川对谈集），香港：天地图书有限公司，2009 年版。

《我的中国观》，成都：四川人民出版社，2009 年版。

刘珑老师与中国礼仪教母
周思敏老师合影

刘珑老师与曾仕强教授
合影

刘珑老师与疯狂英语创始
人李阳老师交流魅力演说

刘珑老师与家庭教育专家区
开老师交流家庭教育课程

张军团老师与漯河市格瑞
特学校老师合影留念

张军团老师在信阳淮滨
演讲

赵泽老师在江苏涟水县
演讲

毛一鸣老师在福建安溪
演讲

周启辰在江西吉安演讲

赵泽老师在福建泉港演讲

毛一鸣老师在安徽炯炀演讲

赵泽老师在福建莆田演讲

刘珑老师在第46期超级口
才训练营演讲

赵泽老师在山东省临沂市
平邑县演讲

宋攀印老师在河南固始县
演讲

宋攀印老师在福建安溪
演讲

周启辰老师在河北魏县演讲

房善朝老师在第七期超越自我训练营与家人合影

王亮老师在湖北宜城演讲

房善朝老师在"关注孩子心灵成长"家庭教育报告会上演讲

周启辰老师在河南新蔡演讲

赵泽老师在江西广丰演讲

毛一鸣老师在安徽含山演讲

毛一鸣老师在广东河源演讲

周启辰老师在江西新干演讲

宋攀印老师与"口才树"创始人文若河老师交流

房善朝老师在洛阳外国语学院高考励志演讲

王亮老师在山西忻州演讲

赵泽老师在福建泉州演讲

王亮老师在山西右玉演讲

张军团老师在河南固始演讲

张军团老师在福建莆田演讲

公众承诺

1. 我的人生理想是什么?

_____

_____

_____

2. 我的理想大学是哪所?

_____

_____

_____

3. 为了实现理想我要改变那些不良习惯?

_____

_____

_____

4. 实现了理想我怎么奖励我自己?

_____

_____

_____

5. 实现不了理想我怎么惩罚我自己?

_____

_____

_____

我郑重承诺:我将尽自己最大努力,用辛勤的汗水耕耘知识的田野。在学习中不管遇到什么样的困难,我都将努力克服,永不放弃!让那些爱我的人为我自豪!

目 录